中国家庭养老金规划管理与有效性研究

宋彤　著

北京工业大学出版社

图书在版编目（CIP）数据

中国家庭养老金规划管理与有效性研究 / 宋彤著
. — 北京 ：北京工业大学出版社，2025.7重印
ISBN 978-7-5639-7081-0

Ⅰ．①中… Ⅱ．①宋… Ⅲ．①退休金－管理规划－研究－中国 Ⅳ．①F249.213.4

中国版本图书馆CIP数据核字（2019）第237816号

中国家庭养老金规划管理与有效性研究

著　　者：宋　彤
责任编辑：刘连景
封面设计：点墨轩阁
出版发行：北京工业大学出版社
（北京市朝阳区平乐园100号　邮编：100124）
010-67391722（传真）　bgdcbs@sina.com
经销单位：全国各地新华书店
承印单位：三河市元兴印务有限公司
开　　本：710毫米×1000毫米　1/16
印　　张：12.25
字　　数：245千字
版　　次：2021年10月第1版
印　　次：2025年 7 月第4次印刷
标准书号：ISBN 978-7-5639-7081-0
定　　价：45.00元

前 言

伴随着世界经济的发展，人们生活水平日益提高。随着人们健康水平的提高、死亡率的下降和寿命的延长，人口老龄化问题也日趋严重，凸显出社会保障体系的重要性，这已成为各国政府最为关注的问题之一。经过多年的探索和实践，我国建立起了“统账结合”的养老金制度，可以说这一制度在稳定社会环境，特别是在国企改制过程中起到了很好的积极作用。但随着改革的深入和形势的发展，这一制度的不足之处逐渐暴露出来。一是制度的覆盖面严重不足，使数量庞大的农民工、个体私营劳动者等社会群体游离于制度之外，给国家带来巨大养老负担隐患；二是企业职工与机关、事业单位职工分属两个保障体系彼此衔接不够，影响劳动力资源的合理配置，不利于经济的发展；三是基金积累不足，隐性负债巨大，面临支付危机。面对这些问题，有必要加强对家庭养老金规划管理的研究，进一步完善现有的养老金制度。

本书针对当前家庭养老金的有效规划管理进行了详细的研究与分析，对中国养老金制度的可持续发展进行了综合性分析，并分别从公共服务视角下城乡社会养老保险制度、家庭理财视角下个人商业养老保险的发展、中国居民个人养老基金投资有效性等多个方面进行了详细探究，希望通过本次研究能够进一步推动我国养老事业的发展。

在撰写的过程中，笔者借鉴了部分专家、学者的一些研究成果和著述内容，在此表示衷心的感谢，由于笔者水平有限，难免会有缺点和不足，恳请广大读者批评指正。

目 录

第一章　中国养老金制度可持续发展研究

中国的养老保险制度是世界养老保障体系的重要组成部分。中国自1951年建立公共养老金制度以来经历了多次调整，以不断地适应经济发展水平、经济体制和人民群众生活需要的变化。1978年改革开放后，特别是在20世纪90年代中后期确立社会主义市场经济体制后，公共养老金制度的发展开始进入了快车道。1997年，我国养老金制度改革取得重大突破，初步建立了个人账户与社会统筹相结合的养老金制度运行模式。但是经过十几年实践运行后发现，养老金体系运行的复杂性远远超出制度设计者的预期，一些困难和问题在体系运行中逐渐暴露出来，反映出制度设计上的缺陷。2005年，公共养老金制度再一次大幅度推进改革，开始采用缴费确定型积累制和给付确定型现收现付制相结合的统账结合制度模式。从运行情况看，改革后的养老金制度还存在相对脆弱的环节，在全球面临共同老龄化问题的同时，中国养老金的特殊矛盾更加突出。首先是养老保障的覆盖面，政府承担做实个人账户和基础养老金的保障责任，财政压力巨大；其次替代率和保障水平问题也一直是中国养老金制度的脆弱环节，随着替代率的不断提升和保障水平的进一步提高，现行养老金结余会快速减少，甚至入不敷出。农民工的社会保障问题是中国特有的养老金矛盾，究竟是随着城市化的扩张，让农民工养老金进入城镇居民体系，还是按照农民工的户口属性，采用新农村养老保险作为载体，都将是下一步政策考虑的关键问题。总体上，中国的养老金制度可持续发展矛盾更加突出，问题也在不断扩大。

第一节　养老金经济学与养老金制度

随着人类社会的进步和文明程度的发展，世界各国越来越重视社会保障在促进经济社会和谐发展及政治稳定方面的作用。在社会保障体系中，养老金制度是其中非常重要的一环。自19世纪末，德国建立起世界上第一个强制性公共养老金计划后100多年来，已有160多个国家和地区建立了养老金制度，具体制度的设计与推行均由政府承担，其中公共养老金计划已成为社会成员维持老年基本生活最可靠的保证。

一、养老金经济学

养老金经济学是以养老金问题为研究对象的经济学分支。具体来说，养老金经济学归纳为两个大的流派：政治经济学派和新古典经济学派。20 世纪 80 年代以前是政治经济学主导的养老金研究时代；到 20 世纪 80 年代末 90 年代初，新古典主义学派开始取代前者成为主导研究学派。政治经济学派的研究重点是养老金制度的起源和绩效评价标准，在方法上以经验描述为主。新古典主义学派注重研究各种养老金制度的内在机理和绩效，强调它们对收入分配、劳动力行为、个人和国民储蓄、资本市场和财政预算等经济变量的影响，在方法上运用严格的新古典主义的方法。

（一）政治经济学派

1. 对公共养老金制度起源的解释

威廉姆森和潘培尔在《老年保障比较研究》一书中，将政治经济学派对养老金制度起源的解释归为五种：社会民主论、新马克思主义论、新工业主义论、新多元主义论和国家中心论。

（1）社会民主论

社会民主论将国家建立公共养老金制度的原因归为劳动者与资本家之间的斗争。正是这种斗争，才导致了社会福利的增加，包括养老金制度的建立和改进。各国养老金待遇的差异是由于各国社会民主力量和工会力量的大小不同所造成的。

（2）新马克思主义论

新马克思主义论认为社会控制才是国家建立公共养老金制度的首要动机。劳资斗争只是成因之一，重要的成因是公共养老金制度可以缓解收入分配不合理所带来的压力，它也是市场力量和世界经济强制作用的结果。迪恩明确宣称“贫穷和社会保障像马和马鞍一样不能分离，把它们连在一起的就是社会控制。”新马克思主义论还对发展中国家公共养老金制度的发展做了独到的阐述。

（3）新工业主义论

新工业主义论第一个观点是，工业化和经济发展水平是公共养老金制度的决定性因素；第二个观点是，一个国家的工业化程度越高，那么它用于公共养老金的国民产出就越多；第三个观点是，一国的公共养老金政策与其人口结构和经济发展水平高度相关，老年人占国家总人口比例与国家公共养老金支出占国内生产总值的比例成正比。而支出的增加意味着养老金覆盖面和缴费额的增长，这正是以经济增长为前提的。

（4）新多元主义论

新多元主义论强调利益集团在一个具体的公共养老金制度形成过程中的作用。威廉姆森和潘培尔指出，从德国、英国、瑞典和美国养老金制度的发展历史来看，无论是在二战以前公共养老制度的发育期，还是在二战后的发展和改革时期，各种具体的制度安排实际上都是各个利益集团相互斗争的结果。

（5）国家中心论

国家中心论强调的是一个国家在管理体制上的结构性要素对其公共养老金制度的作用。德国之所以能够最早建立起公共养老金制度，很大程度上得益于从日耳曼帝国继承下来的那些行政管理体系。英国之所以比美国早许多年建立公共养老金制度，在于英国自实施济贫法以来，就建立了一个负责社会福利的官方机构，它后来成为实施公共养老金制度的基础部门。而美国开始实施公共养老金制度时并没有这样一个现成的管理机构。

2. 对公共养老金制度的评价及其政策主张

公平和效率是经济学的基本问题之一。在养老经济学中，政治经济学派更倾向于从社会公平的角度进行分析。

政治经济学派认为，再分配是社会保险的基本功能，必须由国家参与。但事实上，由西方国家管理的公共养老金制度却没有做到公平再分配，因为再分配的扩展不可避免地要取决于各个利益集团的政治取向。在代际层面上，他们认为，现收现付制把人口老龄化的负担强加到了工作人口的身上；在代内层面上，埃里克森和帕尔默在谈及瑞典20世纪80年代以前的养老金制度时，批评它使缴费与收益之间的关系变得模糊不清。

政治经济学派反对基金制取向的改革。该学派认为基金制有三个缺点：一是当收入增长（也就是经济增长）不稳定时，基金也会不稳定；二是从现收现付制向基金制的转轨会减少正处于转轨时期的一代人的福利；三是即使采用基金制也不足以提高国民储蓄率。因而，政治经济学派主张采用一种现收现付制的部分积累制。更激进的观点是不同意用基金制全部或部分取代现收现付制，认为完全改变现有制度，需要建立巨大的储备，这足以改变经济的形态，在实际上也仍然解决不了工作的人养活退休的人这个实质性问题。因此，仅从分配的角度寻找出路是不够的，要用社会改革，尤其是用新的就业形式加以解决，如增加妇女就业、提高退休年龄等。这种观点是一个创新，对西方养老金制度的改革很有启发，它实质上是告诉人们从供给的角度去探寻解决办法，通过加大社会福利的生产，从而增加养老金的供给。

毫无疑问，政治经济学派不主张削弱国家对养老金计划的管理，即削弱公共养老金计划在整个养老金体系的作用。相反，他们认为要进一步强化国家对养老金的管理，不能将国家管理的公共养老金制度推向私有化。他们认为要想依靠私人养老金计划向所有劳动者提供一个安全和有保障的退休收入体系，根本就是不可能的。公共养老金制度的改进，就是要增加收入相关的养老金计划，对受益者进行必要的财富审查，以使再分配更加公平。

（二）新古典主义经济学派

1. 新古典主义经济学派的理论基础

新古典主义经济学派认为，养老问题从个人的角度看，是消费者对其退休前和退休后的储蓄和消费行为的一种跨时安排；从社会角度看，则是如何对这一部分消费者的养老金总和做出适当的安排。公共养老金制度的目标就是通过以何种方式把多大规模的工作一代人所创造的财富转移给退休一代人，或者以何种方式把多大规模的当前创造的财富保留到退休以后消费，来达到经济学上所说的最优。

2. 新古典学派的研究重点

新古典学派研究的重点内容包括：养老金计划的融资、给付水平，以及养老金计划与劳动力市场、储蓄、资本市场的关系。

养老金计划的融资。现收现付制和基金制是养老金计划的两大基本融资方式，由此引发出部分积累制以及现收现付制向基金制转轨等制度安排问题。这些融资方式的代际再分配效应和效率、经济增长效应成为新古典养老经济学研究的重要内容。

养老金计划的给付水平。对给付水平影响较大的两个因素是：受益标准和计划的覆盖面。从受益标准来看，可分为规定缴费的计划和规定受益的计划。覆盖面由养老金的需求方和供给方决定。对覆盖面的多项研究表明，大企业的工人、参加工会的工人、高收入的工人和较高资质的工人，比其他工人享有更高的覆盖率。

养老金计划和劳动力市场。这一内容一般是研究不同的养老金计划对劳动力价格、数量和质量的影响。养老金是劳动力补偿的一个组成部分，养老金与工资的替代率反映了在多大程度上把养老金看作现货交易的劳动力市场或一个长期的劳动合约中的一部分。

养老金计划与储蓄。莫迪利亚尼生命周期假说中的微观消费者行为带来的总量效用是：第一，在一个停滞经济中将不存在净储蓄，人们在工作期的家庭储蓄正好被退休家庭的反储蓄抵消；第二，一个稳定增长的经济将产生巨大的净储蓄，如果净储蓄增加的来源是人口，则经济中存在着一个“内瑟效应”的储蓄促进机制，如果来源是生产力，则经济中存在着一个“本策尔效应”的储蓄促进机制；第三，退休期的长短会影响净储蓄数量，较长的退休期可以提早和提高财富的峰值，增大财富和储蓄率。

许多研究表明包括养老金计划在内的社会保障会减少私人储蓄，即养老金对于个人储蓄具有“挤出效应”。但是，对于养老金和国民储蓄的关系，至今尚未有定论，许多研究结论甚至相反。生命周期假说导出的总量效果是建立在三个基本假定之上，放松其中任何一个约束条件，理论的阐述力就减弱，养老金与总储蓄之间的关系就变得更加复杂。

养老金计划与资本市场。这一内容主要研究养老基金投资对于资本市场的影响，包括基金风险、基金负债和投资管理、政府管制等内容。一般认为，养老基金能够强化资本市场中的长期投资，提高资本配置效率，并导致金融结构的创新和市场结构的现代化。作为机构投资者，对银行制度、证券市场、公司治理机构的影响是深远的。养老基金通常要求一个长期稳定的回报，因此一般不选择风险较高的投资工具，投资策略就是要解决如何确定和调整基金投资的资产组合和风险分布等问题。基金的负债和投资管理是一个典型的委托—代理问题。问题的关键是如何设计一个恰当的激励—监督机制，并引入竞争性的市场结构以降低管理成本。政府对养老基金的管制是出于避免资本市场失灵和提高经济增长效率考虑。

3. 新古典学派的政策主张

新古典学派认为，随着人口老龄化速度的加快，以现收现付制为主、以税收为融资手段的公共养老金计划已越来越不能满足实际的需要，不是无法有效防止老年人口的贫困，就是造成很大的财政负担，抑制了国民储蓄，进而妨碍了长期的经济增长。改革的重点是发挥养老保障体制的储蓄、再分配和保险三个功能。

世界银行的观点代表着新古典养老金学派的政策主张。为了有足够的储蓄来应付未来的老龄化问题，养老金计划应该是基金制的。采取基金制，可以防止国家无力承担足够的养老费支出，防止跨越数代人的巨额转移，并可以将基金用于投资，以投资的回报增加养老基金的收益。为了提高效率和效益，可以让公共养老基金实行私人化管理，从而引入竞争机制。鼓励人们参加私人养老金计划，从而减轻公共养老金计划的负担。政府对养老保障的干预要被限制在非常有限的范围和程度之内。

二、养老金制度

养老金制度是为社会成员提供养老金的社会化的正式或非正式的制度安排。它强调为老年人提供比较稳定的收入来源，即养老金的来源，可通过社会保障、职业养老金计划、人寿年金保险、个人储蓄等多种形式实现。养老金制度往往是一个以上养老金计划的组合。一个国家的整体养老金制度一般都具有保险、储蓄和再分配三大功能。任何一个单独的养老金计划都具有保险功能，但就储蓄和再分配功能而言，单个的养老金计划可能是只具有储蓄功能，也可能是只具有再分配功能，还可能是兼有储蓄和保险的复合计划，其差别在于对单个养老金计划融资方式的选择：现收现付制、基金制或两者的组合。

（一）养老金制度的宏观基本框架

从工业化史和养老金制度史来看，整个养老金制度实际上是由政府建立的公共养老金制度、雇主建立的职业养老金制度和个人自愿储蓄制度构成。

1. 公共养老金制度（公共年金）

公共养老金制度是以公共管理方式为老年人提供定期收入，一般是指社会养老保险。公共养老金计划一般采用现收现付制或基金制，大多数国家（智利等国除外）的公共养老金制度由税收融资，具有收入再分配功能。公共养老金制度首先是融资上的强制性，其次是针对全体社会成员。公共年金在为老年人提供最低生活保障的同时，通过再分配缓解过去低收入老人的贫穷程度。当前，公共养老金的覆盖范围在发达国家已经接近 100%，在中等收入国家超过了 50%，而在低收入国家一般只有 10% ～ 20%。

2. 职业养老金制度（职业年金）

职业养老金制度是由雇主建立的、为其雇员退休后提供定期生活来源的养老金计划的总和。雇主既可能是私人部门雇员的雇主，也可能是公共部门雇员的雇主——政府。因此，职业养老金制度由公共部门的职业养老金计划和私人部门的职业养老金计划组成。世界上最早的职业养老金制度可以说是中国古代延续了几千年的俸禄制。近代最早的职业养老金制度是美国政府为1776年独立战争中的伤残军人提供的半额生活费年金计划。19世纪初，美国、英国等国家开始为公共部门的职员建立职业年金。到19世纪20年代，美国私人部门的雇主为了稳定熟练工人，建立了企业职业年金，并把它作为企业的一项重要的人事政策。早期的职业年金是雇主对忠实服务于企业职工的一种奖励，所以雇员如果提前离开企业，就会失去任何津贴。二战后，职业养老金计划发展迅速，这主要得益政府的鼓励，尤其是政府在税收方面的减免。目前，经济合作与发展组织国家职业养老金制度的覆盖面已达到老龄人口的1/30。

职业养老金制度也可由多个雇主联合建立，有时可扩大到整个行业或多个行业，这使得其性质比较类似于公共养老金制度。但职业养老金制度的建立一般是自愿的，而非强制性的，两者有着本质的区别；职业养老金始终只能覆盖部分社会成员，而非像公共养老金制度那样，其目标是整个或绝大部分社会成员。

为防止雇主因破产导致职业养老基金支付债务风险，部分国家建立了职业养老金担保机构。如美国在1974年建立了养老金年金担保公司，法律要求所有私营规定收益计划都必须向这一机构缴纳保险费。规定收益计划通常采用个人账户方式，便于参保人转移，有利于劳动力的流动。

3. 个人自愿储蓄制度（个人年金）

个人储蓄计划是由个人自己存款建立的老年收入保障计划，这是一种自愿的私人行为。广义的个人储蓄制度既包括个人养老性储蓄，也包括个人按商业原则参与的商业人寿保险。有学者认为新加坡中央公积金制度和智利等国的养老金制度属于个人储蓄，则按照此观点，中国社会统筹账户与个人账户相结合的城镇基本养老保险制度应该是公共养老金与私人年金统一体。但是，公共养老金制度和个人储蓄制度的主要区分在于是否具有强制性，是个人行为的表现还是集体乃至全体行为的表现。故中国城镇基本养老保险制度中的个人账户也属于公共养老金制度范畴，不是私人年金计划。在市场经济中，不管个人缴费是在税前还是税后扣除，客观上都表现为人工成本；在工资结构上，不管是[（部分工资＋保险费）－保险费]还是（总工资－保险费）中的实际工资都是一样的，因为相同条件下市场均衡工资是唯一的。在无扣除的工资进入养老金制度后，工资的增长自然要受到保险费率的抑制，最终会与早已进入养老金制度的工资趋于一致。不与市场和经济发展结合的结构性工资容易失去对价格信号的正确反映。

（二）现收现付制与基金制的概念

1. 现收现付制

现收现付制是指当期养老保险基金筹集的收入全部用于当期养老金的发放，基本上不留积累基金的融资模式。它是用工作一代人所创造的财富为同一时期的退休一代人的养老金进行支付。在现收现付制下，一般最多只留少量的应急准备金。现收现付制具体做法遵循“以支定收”的基本原则：首先，在支出方面，确定职工退休后的养老金发放办法和待遇标准，并根据退休人数得出当期需支付的养老保险总费用；其次，根据养老基金收支平衡的原则，确定参与计划的企业和职工按养老金缴费基数缴费的比率。

现收现付制是一种短期平衡，通常是一年，一般不超过五年。它的互济功能较强，通常采用社会统筹方式在全国或地区范围内统一筹集和发放，退休人员的养老金收益与企业和自身的缴费无关或弱相关。在代际关系上主要表现为同代抚养关系。基金一般没有积累，因此基本不受通货膨胀的影响。但是，现收现付制一般缺乏长远规划、预测时间短、稳定性较差，一旦收支不平衡，调整缴费率的难度较大。由于缺乏必要的基金积累，未来人口老龄化时社会养老负担重，难于应付老龄化危机。现收现付制适用于人口老龄化较轻，社会养老负担轻的时期。

2. 基金制

基金制是指当期养老保险的缴费收入完全用于基金的积累，并全部记入职工个人账户，职工退休后根据个人账户缴费记录和基金投资回报从养老基金领取养老金。基金制的具体做法是，社会保险机构从职工就业开始就为其建立个人账户，企业和个人缴费全部计入个人账户；养老基金由管理机构直接或委托投资；职工退休后按个人账户储存额的一定比例领取养老金；个人账户用完时，可继续从社会养老保险基金中领取养老金，直至死亡。在基金制下，缴费收入完全不用于当期退休职工的养老金发放，基金的内部受益者之间不存在收入再分配问题。

基金制是个人账户收支的一种长期平衡，跨时几十年。由于缴费全部进入个人账户，基本不存在代内或代际交换，参与者之间互济性弱。基金制最大的特点就是基金积累数额很大。一个纯粹基金制的平衡关系与人口因素无关，可不受人口老龄化的影响。基金制的预测时间较长，一般是从初始就业到期望寿命，费率确定后较稳定，一般不需经常调整。但是基金制因通货膨胀影响遭受基金积累贬值的风险很大，利率和工资增长率的变动对基金的平衡影响较大。

因此，基金制一般适用于经济发展水平差别大、经济总体水平不高、生产和经营分散的地区或国家。在农业比重较大的地区或国家，经营分散、收入差别大，基金制由于透明度高，激励作用大，更容易被接受和推广。尤其是它显著的经济增长效应和不易受人口老龄化影响的特点而得到新古典主义经济学家和世界银行的推荐。

3. 部分积累现收现付制

部分积累现收现付制是指当期筹集的养老金缴费收入用于当期的养老金支付后，留有一定的资金结余作为积累。养老基金结余进行积累的目的是满足老龄化社会到来时养老金发放数额增大的需要。部分积累现收现付制的具体做法是根据人口老龄化趋势确定一个几十年或甚至更长的收支平衡期间，并根据退休职工的养老金待遇，预测出长期支付养老金所需的缴费收入，然后根据收支平衡的原则，确定参加计划的企业和个人缴费基数和缴费费率。一般而言，积累部分在整个养老金缴费中所占比例不大。在部分积累现收现付制下，实施的前期阶段会逐渐形成一笔数额较大的基金积累，人口老龄化阶段积累会逐渐减少，渡过人口老龄期后，养老基金的收支最终达到平衡。

部分积累现收现付制是一种长期平衡，人口老龄化发生前和消除后的很长一段时间都是预测平衡的期间，平衡过程跨时几十至上百年。它有较强的互济功能，即体现在不同地区、不同企业的再分配上，也体现在同代或几代之间的再分配上。它还有较大的基金积累，去应付老龄化危机。

但是，部分积累现收现付制与基金制类似，要受通货膨胀和利率、工资增长率的影响，由于平衡的期间长，基金测算和管理的难度大。

为了应付世界性的老龄化危机，许多国家对传统的现收现付制公共养老金进行了改良，采用部分积累现收现付制。国际劳工组织也极力推荐这种方式，反对基金制改革的取向。从理论上讲，如果平衡的时间可以足够长，部分积累现收现付制的养老金计划可以解决人口老龄化问题，而又不过多增加财政负担。但是，老龄化危机来得太快，养老基金往往来不及积累足够的资金，就面临融资困难和严重的支付危机，而这时财政的支援又显得力不从心。这是因为人们在经济繁荣时期的“短视”，而招致的现实惩罚。

第二节 中国养老金制度的发展现状

最近几年来，我国政府积极调整财政支出结构，将养老保险补助支出在中央与地方财政一般预算内予以安排，并逐年增加养老保险补助支出规模，保证了社会保障资金的稳定性和增长需要。此外，为进一步减少逃费和欠费现象，政府有关部门还采取多种措施加大对社会保险费的征缴力度，这些措施相当程度上保证了基本养老金的及时足额发放。但要真正解决中国养老体系的问题，必须改革相关的制度安排，以便为未来可能出现的老龄化危机做好准备。

一、现代养老金制度改革与发展的国际经验

从全球范围来看，养老保险金制度的突出特点是推进从家庭养老向社会养老转型，中国养老金制度的发展也不例外。18 世纪产业革命以后，市场经济的发展为社会保险替代家庭保险提供了可能，并推动养老保险制度由非正式向正式制度转变。在这个转变过程中，养老功能最初并非社会保障制度最先加以解决的，社会保障制度发展逐渐承担了家庭的养老功能，政府在其中发挥了重要的组织者作用，养老制度的公共属性越来越突显出来。

（一）现代养老金制度的起源

从世界范围看，养老保障制度起源于中世纪的英国，1601 年英国颁布了《济贫法》即《伊丽莎白法》，是英国最早的官方济贫法。法案最初的目的是防止暴乱的发生、维持政权的稳定、为人口流动提供一定的生活保障。从实施情况看，它使贫民的生活状况有了一定的改善，维护了社会秩序的安全稳定；同时借助于转移支付和收入再分配，为贫民的养老问题提供了一定的安全保障。因此，这部法案设计的制度带有很强的福利性，是统治者和下层贫民利益均衡下的产物。

继《济贫法》之后，19 世纪末期英国友谊社的发展成为社会保障体系发展的又一重要标志，它推动社会保障功能从家庭走向社会。友谊社是一种自发产生的非正式组织，它产生于 18 世纪，并于 19 世纪得到较大发展。当时英国社会大量的熟练工人和其他雇员通过加入友谊社来获得救济与扶助。友谊社不仅承担了成员的养老保障功能，对老弱病残者也提供了一定的帮助。与《济贫法》提供最基本的生存需求保障相比，友谊社为成员提供了一些较高层次的生活需求保障。随着友谊社的发展，友谊社的成员人数迅速扩大，至 19 世纪末期，英国 1/4 的成年男性都加入了友谊社。由于许多人有选举权，因此政治因素很快影响到了友谊社。1885 年，英国“布莱克利建议”极力推动“国民公积金计划”。该计划的基本思路是，所有青年（17 ～ 21 岁）英国男性均通过支付一定数额的资金建立一个基金，以为不同年龄的患病者或 70 岁以上的老人提供

一定数额的医疗费或养老金。但是，英国下院认为，该项计划精算基础不可靠，且实施该计划的成本太高，因此否决了这项计划。同时，由于该项政府保障计划会对友谊社和私人保险公司产生竞争，因此他们也反对执行这项计划。

这样，英国直到19世纪90年代也没有建立一个政府管理的公共养老金计划。而德国于19世纪80年代对养老金计划进行强制立法，成为公共养老金制度的起点。1889年，德国颁布了世界上最早的养老保险法律——《养老、残疾、死亡保险法》，对70岁以上的老人和无劳动能力及老弱病残者均有相应保障。该法案于1891年1月1日开始实施，是世界上第一个正式实施的养老金制度，成为公共养老保险制度正式建立的标志。

（二）现代养老金制度的发展

1889年，德国在俾斯麦政府推动下，开始实行公共养老金计划，成为现代公共养老金制度形成的标志。之后100多年的实践当中，公共养老金计划逐渐从德国扩展到其他国家。目前，作为一项基本社会经济制度，公共养老金计划被世界各国普遍实施。公共养老金制度的发展可划分为四个阶段：制度的产生、全球化发展、确立与完善、改革与整合。

1. 19世纪70年代—20世纪30年代：公共养老金制度产生并初步发展

19世纪末期，欧洲国家相继完成了工业革命，经济快速发展的同时社会矛盾也越来越突出，德国也不例外。为了缓解社会矛盾和强化社会控制，1889年，德国俾斯麦政府做出了一项开创性举动——颁布了世界上最早的养老保险法律——《养老、残疾、死亡保险法》，对70岁以上的老人和无劳动能力及老弱病残者均有相应保障。该法案于1891年1月1日开始实施，是世界上第一个正式实施的养老金制度，成为公共养老保险制度正式建立的标志，也为其他国家的养老金体系的建立提供了模板。

德国社会保险制度的实施有效地避免了工人们所面临的养老风险，缓解了社会矛盾，巩固了政府统治，因此得到其他国家的广泛关注并纷纷效仿，欧洲国家如丹麦、奥地利、英国、法国、瑞典、荷兰、意大利等国在1892—1919年间先后建立了养老保险制度。在欧洲以外，澳大利亚、新西兰、秘鲁、波兰等国也相继建立了养老保险制度。

20世纪初期，随着欧洲各国养老保险制度的发展，英国各界意识到，为了维护英国的领先地位，保持工人的身体健康是一个重要条件。同时，随着人口寿命延长，老年人所占比重上升和年轻人所占比重下降，导致友谊社的资金融通产生了较大困难。鉴于当时的情况，友谊社也不再反对公共养老金计划，并建议政府建立一个不缴费的公共养老金计划，对 65 岁以上的人口提供公共养老金保障。1908 年，英国政府出台《老年人养老金法案》，建立了一个不缴费且按统一受益率给付的养老金制度。但这个法案实施以后面临着受益水平太低和国家财政负担太重的问题，因此 1924 年英国国会对公共养老金计划进行修订，改成一个缴费计划，并于 1925 年实施《寡妇、孤儿和老年人缴费养老金法案》，在该法案中建立了一个新的综合性社会福利计划，成为英国社会保障发展史上的一个重要转折点。

2. 1929—1945 年：公共养老金制度进一步普及阶段

1929—1933 年的经济大萧条之后，许多国家意识到公共养老金制度的重要作用，开始逐渐建立养老金制度，如美国、日本等国。美国最初建立的公共养老金计划几乎不缴费，后来为了应对资金压力，1925 年起才开始逐渐向雇主和雇员收费。到 1932 年，在美国的职业养老金计划中仍有约 2/3 不缴费。但经济大萧条严重影响了养老金计划的资金来源，因此罗斯福政府从 20 世纪 30 年代开始对美国社会保障制度进行改革。1935 年，罗斯福政府颁布《社会保障法案》，首次提出了“社会保障”一词。

在美国《社会保障法案》中，涉及了养老保险、失业保险、工伤补偿保险、公共扶助、社会福利事业五种大的、支柱性保障项目。其中养老保险项目是一个综合性公共养老金计划，由两个部分组成：一部分的参保对象是有工资收入的产业部门工人，是一种缴费型养老金计划；另一部分的参保对象是产业部门外无工资收入的老年人，是一种不缴费型政府扶助计划。

在美国的影响之下，许多国家在 20 世纪 30 年代对已有的养老金体系进行了改革和完善。如英国，在经济大萧条导致经济衰退的背景下，现有养老金体系引发民众的强烈不满，英国政府面临巨大压力。在这种情况下，英国政府对现有养老金制度进行了改革，在两个方面进行了让步：一是增加了一个补充养老金计划，扩大了养老金的覆盖范围；二是降低了老年妇女的养老金领取年龄，由 65 岁降低到 60 岁。1941 年，英国政府组建了一个委员会对现行养老保险体系的改革进行设计研究。第二年该委员会发表了《贝弗里奇报告》（即题为《社会保险和相关服务》的报告），该报告提出了社会保障体系的六项原则：统一的收益替代率，即设计统一的目标替代率，以保证受益者退休后的基本生活需要；统一的缴费率，即不管参加者的财富状况如何，都要按相同比例的缴费率强制性缴费，雇主和雇员都是如此；统一管理，费用的收缴和发放都要由同一个社会保障基金会负责；受益的适当性，即维持受益者基本的受益水平，包括受益数额和受益时间的适当性；综合性，即对各个保障项目要做通盘考虑，使其相互之间能进行必要的调整；分门别类，即对不同地区、不同类别的受益者要区别对待。该报告虽然提出了这六项原则，但在实践当中并没有得到有效的实施，如统一管理原则和适当性原则从来没有执行过，其余四个原则在实施过程中要么效果不佳，要么很快就被放弃了，因此导致实施上的失败。

3. 1945—1973 年：公共养老金制度在世界范围内推广与完善

这一时期瑞典等北欧国家迅速建立和完善了养老金制度。1960 年颁布实施了收入关联、强制缴费为特点的国家补充养老金计划，对基本养老金制度形成补充。至此，瑞典领先于英国和德国建设成为普享型现收现付制养老金计划。

美国在养老金制度的建设与完善方面走的是一条渐进式的改革道路，政府财政投入相对较少。在公共养老金制度的规模、覆盖面、保障水平不断扩大和提高的同时，缴费也在提高，尽可能避免实行欧洲式的福利主义政策。

总之，这一时期欧洲国家公共养老金制度的发展方向深受《贝弗里奇报告》的影响，建立的公共养老体系以现收现付制为主，覆盖面广，以普享性为特征。参加者缴费率低，资金来源以税收为主。养老金支出的 90% 用于公共养老金支出，而同期美国、加拿大用于公共养老金支出的比例为 70% 左右。

4. 20 世纪 70 年代以来的公共养老金制度改革（1974 年至今）

在英国《贝弗里奇报告》全面建立福利社会理念的影响下，同时也在社会主义阵营及内部工人的压力下，西方国家纷纷建立起全面社会保障制度，公共养老金制度得到快速发展，政府在公共养老金体系中发挥着越来越重要的作用，提供的公共养老金计划占据主导地位，公共福利支出占各国国内生产总值的比重不断上升。

自 20 世纪 70 年代开始，公共养老金制度陷入了困境。优厚的社会保障给发达国家带来了“社会福利病”——个人的工作激励和竞争意识普遍缺乏、失业率高、国家竞争力下降、经济增长动力不足等。此外，由于公共养老金制度的普享性，随着人口结构的变化，养老费用不断上涨，加剧了养老金计划的存续危机。

同时，一些原来实行计划经济的发展中国家，在向市场经济过渡的过程中，原有的社会保障制度伴随着市场经济的发展也在发生变化。如智利的市场经济政策自 20 世纪 70 年代末期开始实行，相应的是养老基金管理的逐渐私营化。20 世纪 80 年代开始，中国改进了原有的养老保险制度，建立了“统账结合”的公共养老金制度。概括地说，发展中国家的养老金制度改革主要措施包括引进实行个人账户、个人逐渐开始缴费及养老基金管理的私营化等。同时在巨大的资金压力下，更多的国家开始将养老计划更多的责任由职工个人和私人部门承担。从筹资模式上看，逐渐采取完全积累的方式，以政府、企业和个人“三支柱”的形式建立养老保险制度；从时间范围看，这个阶段养老金制度的改革自20世纪70年代开始一直持续至今。

（三）近年来全球主要国家的养老金制度改革

20世纪80年代中期开始，新一轮的养老金制度改革在世界各国展开。这一时期的改革可分为调整性改革和根本性改革两类。

1. 调整性改革

采用调整性方式对养老金制度进行改革的国家以美国、日本和德国为代表。改革的内容一般包括四个方面。一是调整提高职工的退休年龄，并对全额养老金领取所需的最低年龄或工作年限予以提高或延长等。二是提高缴费率、取消缴费的收入限额及改革养老金计算公式的计算方法等。如芬兰、英国等国家进行的改革。三是降低养老金替代率以及改革养老金支付的指数化方法。四是对养老金的管理方式进行改革，为提高基金的增值效率，对其投资范围予以扩大。

2. 根本性变革

所谓根本性变革，是针对现行养老金制度模式的弊端进行根本性改革或规划，重新设计养老金计划和制度。具体来看，各国在养老金改革的实践当中有三种根本性改革模式。

（1）智利模式

这一模式的改革以智利等南美国家为代表，因此称为智利模式。在该模式中将目前实行的给付确定型现收现付制的公共养老金制度进行改革，逐步转变为缴费确定型积累制的私营养老金制度。

（2）瑞典模式

瑞典模式是以瑞典为代表的欧亚六国，即蒙古、瑞典、意大利、立陶宛、拉脱维亚和波兰实行的养老金模式。在该模式下，给付确定型现收现付制的公共养老金制度逐渐转变为名义缴费确定型现收现付制公共养老金制度。

（3）新加坡模式

这一模式是由新加坡、埃塞俄比亚、马来西亚和印尼等国为代表，由最初仿效新加坡的中央公积金模式而来。在此模式下，公共养老金计划在改革过程中由缴费确定型积累制逐渐转变为给付确定型现收现付制。

二、中国养老金制度的建立、发展和完善

中国养老金制度建设开始于1951年，历经国家保障与企业统筹、社会化养老金改革试验、现代养老保险制度形成三个阶段。目前，中国现代养老金制度框架和基本机制已逐步建成，社会覆盖面和保障水平也不断提升。

（一）1951—1984年：国家保障与企业统筹相结合阶段

在这一阶段，我国刚刚开始建立公共养老金制度，采用给付确定型现收现付制的制度模式，具有覆盖率低、替代比率高、实行国家保障、具体由企业实施等特点。这期间养老金制度在制度模式上主要具有下列特征：在规定受益制下政府统一确定养老金待遇水平，具有较高的替代率；养老金的提取和发放采用现收现付制模式，并分别由各个单位具体负责组织实施；通过独立的制度设计，将企业的内部收入与支出进行合理安排，实现当期转移与分配；国家承担了全部风险，在结构上形成了就业—福利—保障三位一体的形式。

（二）1984—1996年：养老金制度的改革试验阶段

这一时期中国开始改革开放不久，经济体制逐渐由计划经济向市场经济过渡，此时期建立的城镇职工养老保险制度仍是计划体制下的国家保险制度，但对于以往养老保险制度中存在的问题进行了完善与修正。在具体操作上，中央和省级政府负责制度框架和政策的制定，而市、县或地区政府则是养老保险的统筹主体，充当执行者的角色。从模式上看，这仍是一个给付确定型现收现付的制度体系，企业负责养老金的收集，雇主与雇员按不同比率缴纳保险费，其中雇主缴纳保险费的比率由工资总额的3%上升到15%，雇员的缴纳比例为工资额的3%。但当时还没有进行工资体系改革，因此在实际运行中雇主的实际缴纳比例一般都低于法定要求。

从这个阶段养老金计划的执行情况看，中国对传统养老金制度存在的问题认识不足，对整个社会保障体系缺乏整体上的设计与安排，导致许多缺陷的存在。实际上，当时建立的社会保障制度是由企业包揽了一切，导致企业的经济效率低下，包袱沉重，在我国经济体制由计划经济逐渐转向市场经济过程中，企业在市场的巨大压力下，后续发展受到严重制约。因此，养老保障制度亟须进行改革，以适应市场经济发展的需要。

（三）1997 年至今：现代养老保险制度形成阶段

国务院于 1995 年发布《关于深化企业职工养老保险制度改革的通知》，正式启动对企业养老保险制度改革，将原有职工养老保险制度进行整合统一，建立社会统筹与个人账户相结合的新型职工养老保险制度。这个新的制度是一个多层次的养老保险体系，该体系以基本养老保险制度为基础，企业补充保险和个人储蓄性保险为补充，在为职工提供基本养老保险需求的同时也能够满足部分职工较高水平的养老保险需求。在具体操作上，新的制度提供两种不同的实施方案，各地可以根据自身情况选择一种方案实行。

与旧的制度相比，新的养老金计划将现收现付制模式进行改革，转化成为包括三个支柱的混合模式。在该模式中，第一支柱为强制性基本养老金，包括社会统筹账户和个人账户两个层次，层次间的具体模式也不同。其中社会统筹账户的主要功能是再分配和社会保险，采用确定型现收现付制模式；个人账户的主要功能是社会保险和储蓄，采用确定型积累制模式。第二支柱为企业年金，第三支柱为个人储蓄，作为补充养老金存在，这两个支柱中的企业和职工个人缴费均是自愿的。

社会统筹与个人账户相结合的基本养老保险制度具有多方面的优点，在体现公共养老保险的社会互济、风险分散特点的同时，突显出职工个人在养老保障中的作用，鼓励职工个人为养老保障做出贡献。

新的养老保险制度还包括一些其他的变化，如把养老金统筹层次由城镇一级提高到省级；扩大养老金的覆盖范围，将城市内的所有雇员（包括个体劳动者）都纳入等。

第三节　社会保障基金保障养老金制度可持续发展

在社会主义市场经济体制条件下，社会保障体系（简称社保体系）已经成为缓解社会矛盾、确保社会稳定的一大重要工具。在社保体系的建设中，既要解决当前社会保障资金的需要，也要考虑解决未来社会保障资金压力的问题。从国际经验看，随着人口老龄化趋势的不断增长，养老金未来的支付压力，以及农村养老保障的空白，已经成为各国社会保障体系中共同面临的问题。为此，各国先后成立了不同模式的国家储备基金，来解决社会保障的未来支付压力问题。

一、社保基金制度的发展状况

我国的社保基金未来面临着非常大的筹资和支出压力，因此完善社保基金管理制度、保障养老金制度的可持续发展意义重大。

（一）社保基金的运营管理

全国社会保障基金（简称社保基金）作为国家战略储备，需要通过投资运营实现其保值增值。社保基金在投资运营方面需要遵循的投资原则是——“安全至上，注重效益”。经过多年努力，全国社会保障基金基本建立了有中国特色的基金投资管理体系和风险管理制度。

1. 社保基金的投资管理体制

全国社会保障基金设立理事大会（简称社保基金会），每年举行一次大会，审议和决定基金五年、一年的资产配置计划，审定理事长工作报告和全国社会保障基金年度报告。重大投资决策由社保基金理事大会决定；社保基金成立了投资决策委员会、风险管理委员会、专家评审委员会，负责进行投资决策、风险管理，评选基金投资管理人和托管人；建立了资产配置决策体系，在对资本市场长期收益和风险特征进行分析研究的基础上，科学制订为期五年的阶段性战略资产配置计划；并结合中短期宏观经济和资本市场的变化趋势，研究制订资产配置年度计划和每个季度的执行计划。理事大会理事长通过投资决策委员会等三个专业委员会审定投资项目，内设八个部门负责具体投资工作。

2. 社保基金的投资理念

在股票投资实践当中，全国社保基金逐渐形成了以下基本投资原则和理念。

（1）坚持价值投资的原则

通过对投资对象的内在价值与市场价格之间的关系研究，将发现和实现投资价值作为投资的首要工作，按照投资价值选择投资对象，坚决反对依靠概念炒作和内幕消息进行投资操作。

（2）坚持长期投资理念

按照社保基金积累的特点，全国社保基金在短期内的支付压力较小，一般需要积累 15 ～ 20 年后才会支付，较适合长期投资。因此，对社保基金的管理需要树立长期投资的目标，实施长期投资战略，有利于参保人员分享国民经济增长的成果。对其投资效果，也需要在一个较长的时期内进行评估和考核。就股票投资看，社保基金也要遵循长期投资战略，不能依靠股市的投机性获利，而应当着眼于分享股市健康成长带来的长期收益。从另一个角度看，类似于社保基金的长期投资机构越多，股市的发展就越稳定，反过来会促进长期收益的提高。

（3）勇于承担社会责任的投资理念

在社保基金的投资过程中，一方面要实现社保基金的保值增值，另一方面要肩负起社保基金应当承担的责任。从本质上讲，社保基金收益最终来源于全社会的经济增长。因此，社保基金投资要正确处理好经济发展与投资收益的关系，发挥其规模巨大和投资长期性的优势，在进行保值增值的过程中维护中国宏观经济的健康发展。在股票投资方面，要承担起稳定市场的责任，发挥示范作用，用规范化、专业化投资方式与理念去引导股市行为，为中国股票市场的健康、稳定发展做出贡献。

3. 社保基金的风险政策和投资目标

社保基金在投资过程中，风险管理是第一要务。考虑到股票投资的风险较大，在进行投资研究降低投资风险的同时，还要通过进行投资纪律性再平衡进行投资比例管理。

在社保基金进行证券投资的过程中，应广泛采用股票投资纪律性再平衡手段严控投资风险。根据各类目标资产的风险与收益特征进行研究，确立资产配置计划，设定各类资产的投资比例区间。在具体操作上，当股票资产投资比例超出比例区间范围时，就通过增加或减少投资以提高或降低股票资产的比例，使其重新回到预设的区间之内，保持一种相对平衡，这也是降低社保基金股票投资风险最基本的手段。

4. 社保基金的投资方式

全国社保基金的具体投资方式有两种：一种是委托投资，即委托投资管理人进行投资，对于境内外股票投资，社保基金一般采用委托投资方式进行；另一种是直接投资，对于固定收益产品和股权投资，一般由社保基金会直接进行投资。

（1）委托投资

社保基金会一般会选择专业的投资管理机构进行委托投资，投资范围包括股票和债券等。对于投资管理人的具体投资行为，社保基金会通过委托投资合同及投资方针来进行指导，并不干涉投资管理人依据相关法律法规及委托合同进行的投资操作。但对于一些较重要的投资管理事务，如投资组合和撤回资金等事项，需要综合考虑基金战略与战术、委托人、管理人、产品特点、市场情况等多方面的因素，经过社保基金会内严格的决策程序做出决定。

（2）直接投资

社保基金直接投资的具体方式有两种：一是直接股权投资；二是对基金的投资。在境内直接投资方面，全国社保基金有很大进展。

（3）投资范围

社保基金的境内投资范围包括银行存款、债券、信托投资、资产证券化产品、股票、证券投资基金、股权投资和产业投资基金等。社保基金境外投资范围包括银行存款、银行票据、大额可转让存单等货币市场产品，债券、股票、证券投资基金，以及用于风险管理的掉期、远期等衍生金融工具。

（二）社保基金的优势

全国社会保障基金是一种战略储备，主要用于应对人口老龄化高峰期社会养老保险和其他社会保障支出。全国社会保障基金成立以来，通过努力，已经初步形成了比较完善的国家储备基金的管理机制，并形成了一定的筹资渠道和确保资金安全与效率相结合的运行机制，在国内外树立了良好的形象。

1. 有利于进一步推进中国社会保障体系的完善

完善的社会保障体系，是社会主义市场经济的重要组成部分。社会保障体系主要由养老、医疗、工伤、失业和生育保险组成，养老保险是主要的部分。随着社会进步，人口老龄化已经成为一个全世界普遍面临的问题，养老金收支平衡的巨大压力，成为今后一段时期中国社会保障体系建设中亟待解决的重大问题。中国工业化进程的加快，城市化的快速发展，进一步加大了这一压力。对此，党中央、国务院高度重视，在逐步完善社会保障基本制度，不断增强社会保险的保障能力同时，专门设立了全国社保基金，形成了国家战略储备资金，以应对将来人口老龄化高峰时社会养老的需要，或是重大自然灾害等特殊情况下的社会保障支出。这一制度形成后，全国社保基金成为中国社会保障体系的重要组成部分，发挥着第二道保护屏障的作用。

2. 有利于应对未来养老金支付压力

按照国际标准，中国现在已经进入老龄化社会，到 2030 年，中国将进入老龄化高峰时期。与发达国家不同，中国的老龄化问题是在经济不发达、收入水平较低的情况下出现的，这意味中国面临的人口老龄化问题比发达国家还要严重，仅靠企业和个人的力量是难以应对这种大规模危机的，因此建立和壮大全国社保基金势在必行。

根据人力资源和社会保障部社会保障研究所进行的《养老金收支缺口匡算》

研究成果，到 2030 年，中国社会养老金将面临巨大的支付压力，中国财政将面临 474 823 亿元的支付压力。其中，企业养老金统筹资金缺口就需要财政补贴 178 910 亿元，财政在养老金上的投入，将占同期财政收入的 9.41%，比现在提高 5.2 个百分点，翻了一番多。为此，积极采取多种措施扩大社保基金的资金渠道，同时推进社保基金的投资运营以实现保值增值，这对于缓解未来养老金支付压力，应对人口老龄化危机具有重大意义。

3. 有利于促进中国经济可持续发展

改革开放以来，中国的社会经济得到了快速的发展。但在发展方式上，长期过分依赖投资和出口，消费水平偏低，导致国民经济发展中出现了一系列深层次的问题。要转变经济发展方式，就必须加快完善社会保障制度，不断增强国民的消费信心，从而扩大消费，使经济走上内需驱动型的良好发展道路。

全国社保基金的发展壮大是社会保障体系完善的重要标志。全国社会保障基金理事会将社保基金投资于固定收益产品、股票和实业等多方面。社保基金的壮大和运用，可以促进资本市场的发展和稳定，有利于促进中国经济结构调整，从而推进中国经济发展方式的转变。

二、社保基金筹资制度化的有利条件与基本原则

切实解决好全国社保基金筹资制度化问题，对于提高全国社保基金履行未来支付责任、实现养老金的可持续发展，有着重要的意义。

（一）推进社保基金筹资制度化的有利条件

第一，实践科学发展观，为解决筹资制度化创造了良好的条件。科学发展观的重要思想使中国进入了一个新的发展时期，特别是中国法制化的步伐加快，新的形势为妥善解决全国社保基金在改革与发展中形成的筹资制度化不足问题，创造了良好的条件。充分抓住这一机遇，积极探索解决筹资渠道制度化中的一些关键问题，是当前全国社保基金理事会面临的重要任务。

第二，筹资制度化是全国社保基金管理法制化的重要内容。当前，中国正在建设法制型政府，全国社保基金筹资渠道的制度化，是中国建设法制型政府的重要组成部分。同时，从国际经验看，相关国家的储备基金，不仅在成立开始就制定了相应的法规制度，而且，法律条款对基金来源等诸多方面做出了明确清晰的规定。目前，全国社保基金运营管理的主要法规依据尽管对投资的范围、方式和品种等进行了具体的规定，但筹资方面的一些重大问题，仍面临着

法律上的空白。而且，目前的立法层次低，难以确保筹资渠道的稳定性。因此，实现筹资制度化，不仅是中国建设法制型政府的重要内容，也是完善全国社保基金管理制度及相关法律法规的重要措施，同时更是全国社保基金与国际接轨，更好地实现规范化运行的必要前提。

（二）推进社保基金筹资制度化的基本原则

全国社保基金要实现筹资的制度化，必须充分考虑中国政府法制化建设这一大背景，充分考虑全国社保基金为履行未来支付责任的需要。因此，在具体制度化设计过程中，需要坚持如下原则。

1. 法制化原则

拓展社保基金筹资渠道，应严格按照社会主义市场经济的基本要求，坚持法制化原则，通过制度创新，在社保基金与各项资金来源之间，建立稳定有序的法律关系。

全国社保基金筹资的制度化，不仅仅是为了增加社保基金的规模，更重要的是利用全国社保基金这一国家储备基金，提高国家的宏观调控能力。制度化的过程，实际上也是充分发挥国家宏观调控能力的过程，是政府法制化建设的重要组成部分。因此，在研究社保基金筹资渠道时，要充分考虑新渠道的政策功能，以及作为社保基金新的资金来源后，对其政策功能的增强作用。

2. 稳定性原则

筹资制度化的根本目的是形成社保基金可持续的增长机制。因此，在新增渠道的设计过程中，需要坚持稳定性的原则，把一些可以持续增长的资金，纳入新的渠道。

筹资制度化，需要充分考虑社保基金的功能，在对现有研究成果进行系统总结回顾的基础上，根据财政性资金的特点，系统地提出社保基金可能拓展的筹资渠道。对各项筹资渠道的可行性做出系统分析，并据此区分难易程度，形成近期、中期方案。

3. 科学性原则

筹资制度化，需要系统的科学论证。在方案设计上，一方面，要从可能性、可行性等各个方面进行科学论证，确保形成有操作性的实施方案，充分考虑具体实施过程中可能面临的困难和问题，并形成相关的预案，避免出现理论上可行、实际上不可行的问题。另一方面，在方案测算时，需要准确引用相关的基础性数据，应用科学的计算方法。在提出政策建议时，要特别注意考虑社会经济发展的未来需求、财政和社会各方面的承受能力。同时，在制度化设计过程中，不仅要形成社保基金的可持续增收机制，还需要拓展筹资渠道，强化社保基金的管理能力，提高社保基金发展的可持续能力。

第二章 公共服务视角下中国城乡社会养老保险制度研究

养老保险制度作为社会保障制度的核心内容，肩负着实现国民“老有所养”的重任，其公平普惠和稳健运行往往决定着社会保障制度建设的成败。当前，社会养老保险制度“碎片化”现象严重，农村养老保险体系残缺，城乡养老保险待遇水平差距较大，已严重影响到城乡经济社会一体化发展的步伐，统筹城乡社会养老保险制度显得异常紧迫和重要。因此，社会养老保险制度城乡统筹就成了理论界和实务界研究的热点议题。

第一节 中国社会养老保险制度的历史演进

社会养老保险制度城乡统筹的战略定位和实施路径，既要有基础理论支撑和对统筹实践的指导，又要基于城乡养老保险制度发展的历史与现实分析得失、总结经验、合理部署。因此，本节回顾和描述了中国城乡社会养老保险制度的历史演进历程和现实发展状况、中国社会养老保险制度在特定社会时空条件下的政策设计理念及推进轨迹，重新审视中国社会养老保险制度发展过程中的经验和教训，同时也对目前城乡二元化的社会养老保险制度差异进行了深入的剖析和效果评价。

一、城镇养老保险制度的历史演变

中华人民共和国成立后，养老保险制度率先在国有企业和机关事业单位中实施，并一直沿着“先体制内、后体制外”的路径逐步扩展，其中“城职保”经过不断地调整完善逐渐成为主体性制度。城镇职工养老保险（简称“城职保”）制度是我国养老保险事业的一块基石，理清城镇职工养老保险制度发展的过程，有利于更清晰地认识我国养老保险事业。

（一）国家养老保险制度的建立和发展时期（1951—1986 年）

该时期是以 1951 年《中华人民共和国劳动保险条例》（以下简称《劳动保险条例》）的颁布和 1986 年《国营企业实行劳动合同制暂行规定》的出台为起止标志。养老保险制度的主要特征是“国家包办、单位负责、现收现付、封闭运行”，其制度的制定部分仿效了其他国家的“国家保障”模式，发展又与当时高度统一的计划经济体制相适应，是典型的计划经济产物，具有鲜明的时代特征。

中国城镇养老金制度的发展与中国公共养老保险制度的发展一脉相承。中国于 1955 年首先制定了国家机关、事业单位职工的养老保险制度；之后 1958 年，在提高待遇并放宽养老条件的基础上统一了企业和机关事业单位的养老保险制度。1978 年制定颁布了《国务院关于工人退休、退职的暂行办法》和《国务院关于安置老弱病残干部的暂行办法》。

20 世纪 70 年代末期开始改革开放以后，中国对养老保险制度进一步改革和完善。1984 年这项改革首先自广东、辽宁、江苏、四川等省的少数市县开始，之后国有企业和大部分城镇集体企业职工的养老保险制度改革也开始推进。

（二）城镇职工基本养老保险制度改革时期（1986—1997 年）

随着城市经济体制改革和国有企业改制的加快推进，养老保险制度也进入了真正意义上的转型关键期。此时期不仅存在整个社会经济大环境变革下养老保险制度意识形态的重大分歧，而且也包含新旧养老保险制度利益格局的激烈冲突和制度发展走向的试验性探索。既有“社会统筹与个人账户”制度模式的特色创新，又有“应急”政策实践下产生的至今仍难以完全消除的问题。

1986 年到 1993 年间，11 个行业如水利、铁道、邮电、电力、建筑、交通、民航、石油天然气、有色金属等开始实行养老保险系统统筹。1986 我国开始针对劳动合同制工人制定养老保险制度，保险费用不再全部由国家和企业负担，还要制定个人缴费制度，规定工人按本人标准工资的 3% 缴费。

1991 年 6 月，国务院发布了《关于企业职工养老保险制度改革的决定》，推进建立多层次公共养老保险体系，实行部分积累制。规定养老保险费用实行社会统筹，由国家、企业和职工三方负担，其中职工个人负担额为工资额的 3%。以国家基本养老保险、企业补充养老保险和个人储蓄性养老保险三部分相结合的方式构建养老保险基金的基本制度框架。

1995 年 3 月，国务院发布了《关于深化企业职工养老保险制度改革的通知》（以下简称《通知》）。《通知》规定到 20 世纪末建立起资金渠道多样化、社会统筹与个人账户相结合、管理服务社会化的养老保险体系，参保范围涵盖各类企业职工、个体劳动者等多个层次人群。《通知》推荐了两种试点办法供各地选择采用，养老保险制度改革开始全面启动。但这也导致各地区的具体办法存在差异，职工跨地区流动产生困难，中央也难以在宏观层次上进行管理和调控。于是，国务院于1997年7月颁布了《关于建立统一的企业职工基本养老保险制度的决定》（以下简称《决定》）。《决定》规定，养老保险个人账户按职工工资的11%（其中企业缴费3%、个人缴费8%）建立。除此之外，企业还需要缴纳一部分保险费，但总额不超过职工工资总额的20%（含划入个人账户部分）。职工退休后领取的养老金包括基础养老金和个人账户养老金两部分，基础养老金额度为职工退休时社会平均工资的20%；个人账户养老金额度为个人账户累计额除以120。此外考虑到经济发展及在职职工增长情况，《决定》还通过建立养老金调节机制，在满足一定条件的情况下对养老金水平进行适时调整。

（三）城镇职工基本养老保险制度走向统一时期（1997—2005年）

1997年和1998年的养老保险制度改革取得了历史性的突破，这也是被处在攻坚阶段的国有企业改革和动荡起伏的宏观经济环境“逼出来”的结果。这不仅结束了1995年以来多方案改革的混乱局面，而且为今后建立全国统一的“城职保”制度奠定了重要基础。

随着国企改制带来的下岗职工增多，1998年党中央、国务院先后下发了《中共中央、国务院切实做好国有企业下岗职工基本生活保障和再就业工作的通知》和《国务院实行企业职工基本养老保险省级统筹和行业统筹移交地方管理有关问题的通知》。这些通知当中实行的重要政策有力地推动了养老保险制度的发展并取得了突破性进展，主要表现在：第一，省级统筹稳步推进，已有27个省区市先后实行了养老保险省级统筹或建立了省级调剂金制度；第二，行业统筹移交地方政府管理，对于前述11个行业统筹部门所属的2000多个企业的养老保险工作，遵循“先移交后调整”的原则移交各省区市管理，解决了多年存在的条块分割的矛盾；第三，基本实现了确保企业离退休人员养老金按时足额发放；第四，将全国企业职工养老保险制度按照社会统筹与个人账户相结合的模式进行了统一，有28个省区市的养老保险工作按照新的制度模式运行；第五，实现了养老金全额缴拨并社会化发放，迈出了重要步伐。

2000年底，国务院出台了《关于完善城镇社会保障体系的试点方案》，由“企业年金”代替原来的“企业补充养老保险”。2005年12月，国务院又颁布了《国务院关于完善企业职工基本养老保险制度的决定》。这些政策制度的相继出台，推动了中国城镇养老金制度改革取得了重要进展，使得养老保险的覆盖范围持续扩大，参保职工人数不断增多。

2010 年，中共中央在“十二五”规划建议中指出，坚持广覆盖、保基本、多层次、可持续方针，加快推进覆盖城乡居民的社会保障体系建设。而在 2011 年 6 月 21 日的全国城镇居民社会养老保险试点工作部署暨新型农村社会养老保险试点经验交流会议上，国务院决定在全国范围启动城镇居民社会养老保险制度试点，并加快新型农村养老保险试点进度，基本实现制度全覆盖，这是党和政府的重大惠民政策，是健全中国社会保障体系的重大制度建设，中国养老保险的发展有望取得重要进步。

（四）城镇职工基本养老保险制度改革深化时期（2005 年至今）

“城职保”制度经过近 20 余年的改革探索，这项启动最早、争议最大、法律文件最多的单项改革终于在 1997 年“26 号文件”出台后开始走向统一。通过东北三省试点并几经修正，制度框架现已“搭建齐备”，“统账结合”的部分积累制模式也基本定型。但随着人口老龄化、就业方式多样化和城镇化的发展，一些影响制度可持续发展的新问题开始显现，新老问题相互交织的复杂局面使养老保险改革步入了“深水区”。国务院在总结试点经验和充分调研的基础上，于 2005 年 12 月下发了《关于完善企业职工基本养老保险制度的决定》（国发〔2005〕38 号，简称“38 号文件”），针对覆盖范围不够广泛、个人账户没有做实、统筹层次较低和养老金计发办法有欠缺等问题进行了改革和完善，改革措施包括：第一，统一城镇个体工商户和灵活就业人员参保缴费政策，将非公有制企业、城镇个体工商户和灵活就业人员纳入“城职保”，扩大制度覆盖范围；第二，逐步做实个人账户，完善“统账结合”制度模式，实现从现收现付制向部分积累制的真正转变；第三，改革基本养老金计发办法，从 2006 年 1 月 1 日起，个人账户统一由本人缴费工资的 11% 调整为 8%，全部由个人缴费形成，单位缴费不再划入，并改革了基础养老金的待遇水平，将之与缴费时间长短和数额多少相挂钩，建立参保缴费的激励约束机制和养老金适时的正常调整机制；第四，加快提高统筹层次，逐步实现省级统筹，制定和规范统筹政策和统筹标准，为构建全国统一的劳动力市场和促进人员合理流动创造条件。自此，“城职保”制度覆盖范围包括个体户、自由职业者等灵活就业人员在内的城镇全部就业人口，统一了参保人群的缴费基数、费率和待遇计发办法，并为统筹层次的提升奠定了基础。

二、农村养老保险制度的长期探索

改革开放前，我国没有为农民建立专门的养老保险制度，农民的养老需求主要是通过家庭互助保障和土地保障来解决，政府和集体经济仅仅负责为数不多的“三无”人员和“五保户”供养问题。这种低水平、救济式保障难以解决多数农民的养老问题，养老保险制度的“城有乡无”更是严重背离社会保障公平性的本质。随着改革开放的不断深入，农村经济社会环境有了较大改观，农村人口老龄化问题日益严重，迫切需要将农民纳入政府建立的社会养老保险制度中，以解除农民年老的后顾之忧，体现社会公平。从1986年起，政府开始积极探索建立农村养老保险制度，农民的养老问题正式纳入了政府的议事日程，同时也标志着农民的养老方式逐渐由家庭和土地保障向社会化方向迈进，但我国农村养老保险制度建设却经历了几段艰难波折的发展历程。

（一）1986—1990年：探索阶段

民政部于1986年10月在江苏召开“全国农村基层社会保障工作座谈会”。会议对农村地区的社会保障工作进行了研究和部署。会议认为，对于农村贫困地区，社会保障的重点是做好社会救济和扶贫工作；经济发展中等地区则是解决多数人的温饱问题。在具体方式上，贫困地区可以通过兴办福利工厂、建立敬老院、完善五保制度等手段，解决残疾和孤寡老人的生活困难问题。在经济发达和比较发达地区，重点则是发展以社区或乡、镇、村为单位的农村养老保险。

1989年，北京大兴县（现大兴区）、山西左权县被民政部选择作为县级农村社会养老保险试点县，试点县农村社会养老保险确立了个人、集体、国家三方合理负担的基本原则，以自我保障为主，集体、国家进行必要支持为辅。两个试点县具体方案为后来的农村社会养老保险基本方案奠定了基础，并提供了重要参考。

（二）1991—1992年：试点阶段

1991年6月，国务院发布《关于城镇企业职工养老保险制度改革的决定》的通知，通知明确由民政部负责农村（含乡镇企业）的养老保险改革。之后，民政部根据当时情况制定了《县级农村社会养老保险基本方案（草案）》，开展实施以县为单位的农村养老保险改革的试点工作。期间主要经历了以下三个阶段。

第一阶段为组织试点阶段。1991年10月，民政部以山东省的牟平、龙口等5市（县）为试点，开展农村社会养老保险改革。

第二阶段为扩大试点阶段。1991年10月民政部在山东省牟平县（现牟平区）

召开“全国农村社会养老保险试点工作会议”，会议对牟平县的农村社会养老保险试点工作进行总结，进一步确定了社会养老保险与家庭养老保障相结合，农民以自我保障为主、社会救济为辅的原则，强调以保障老年人基本生活为目的。之后，民政部于1992年1月正式出台《县级农村社会养老保险基本方案（试行）》。

第三阶段为加快发展阶段。1992年7月和12月，民政部分别在湖北省武汉市和江苏省张家港市召开全国农村养老保险工作会议，在会议上对湖北省和江苏省在推进农村社会养老保险方面的工作经验进行了推广介绍。到1992年底，全国已经有950多个市（县）开展了农村社会养老保险试点工作，其中有160多个市（县）基本建立了农村社会养老保险制度。

（三）1993—1998年：稳步发展阶段

1993年，为促进农村养老保险改革的稳步发展，经国务院批准农村社会养老保险管理机构成立，以对农村社会养老保险的各项工作进行系统管理和规范。1995年10月，国务院办公厅转发民政部《关于进一步做好农村社会养老保险工作的意见》的通知（以下简称《意见》），《意见》明确了“保障水平与农村生产力发展和各方面承受能力相适应；养老保险与家庭赡养、土地保障以及社会救助等形式相结合；权利与义务相对等；效率优先，兼顾公平；自我保障为主，集体（含乡镇企业、事业单位）调剂为辅，国家给予政策扶持；政府组织与农民自愿相结合”的农村社会养老保险的基本原则。

此后，农村养老保险制度改革全面铺开，全国有26个省市区先后出台了有关的地方性法规和文件。

（四）1998—2003年：停滞整改阶段

1998年国务院机构改革后，劳动和社会保障部成立，对农村社会保险进行统一管理。此时，受多种因素影响，全国大部分地区农村社会养老保险工作出现了参保人数下降，基金运行难度加大等困难，一些地区甚至陷入停顿状态。1997年7月，国务院认为目前中国农村普遍实行社会养老保险的条件尚不成熟，因此决定清理整顿已有业务，推动有条件的地区逐步向商业保险过渡。

（五）2003年以后：恢复阶段

我国要“发展城乡社会救济和社会福利事业，有条件的地方探索建立农村医疗保险和最低生活保障制度。”同时也提出“农村养老保障以家庭为主，同社区保障、国家救济相结合。有条件的地方探索建立农村最低生活保障制度。”

之后，十七大报告进一步提出“加快建立覆盖城乡的社会保障体系，探索建立农村养老保险制度，完善城乡居民最低生活保障制度。”

2008 年，中共中央《关于推进农村改革发展若干重大问题的通知》中第一次提出了“新型农村社会养老保险”的概念。2009 年 9 月 4 日，国务院办公厅发布《国务院关于开展新型农村社会养老保险试点的指导意见》（国发〔2009〕32 号），提出要在坚持“保基本、广覆盖、有弹性、可持续”的原则之上，探索建立个人缴费、集体补助、政府补贴相结合的筹资结构，实行社会统筹与个人账户相结合的制度模式，从实际出发建立基础普惠和个人缴费相结合的新型农村养老保险制度，要求 2009 年试点覆盖面为全国 10% 的县，以后逐步扩大试点，并于 2020 年之前基本实现对全国农村适龄居民的全覆盖。新型农村养老保险制度在基本原则、任务目标、资金筹集、养老金计发等方面都比“老农保”有着实质性的改进或是创新，尤其是建立“统账结合”的制度模式以及在资金筹集方面突出了政府的出资责任，实现了真正意义上的养老保险互助互济和政府主导，也为日后与城镇养老保险实现对接预留了接口。它是继取消农业税、粮食直补和新型农村合作医疗等政策之后的又一项重大惠农政策，更是建立覆盖城乡居民社会保障体系的重要组成部分，在农村社会保障发展历史上具有划时代的意义。

2011 年 7 月 1 日起施行的《社会保险法》第二章中明确了国家建立和完善新型农村养老保险制度，及其筹资方式和待遇的规定，指明了新型农村养老保险的发展方向，但新型农村养老保险的推进是一项系统的宏大工程，加之“老农保”的失败教训和历史遗留问题尚未完全根除，新型农村养老保险在各地的试点中也暴露出一些缺点和不足，如何进一步提高新型农村养老保险制度设计的合理性、科学性以及和其他养老保险制度衔接的有效性，都需要在实践中不断研究和总结。

三、城乡社会养老保险制度模式比较

在充分肯定各个历史时期城乡社会养老保险制度改革取得成就的同时，我们也要清醒地认识到，这一制度因为各种主客观因素的制约，目前整体发展比较稚嫩，与市场经济和社会发展要求还有不小的距离，甚至有些环节还需动“大手术”才能适应城乡统筹形势和促进正常功能的发挥。当然，在我国城乡二元结构下，城市和农村的社会养老保险制度是先后建立、分设分治的，各有各的发展特点和内在的问题弊端。因此，要理性探索我国城乡社会养老保险制度的统筹发展之路，必须在尊重现行制度运行现状的基础上，客观评估其制度差异和实施效果，这将对从总体上提出针对性的解决方案及把握制度发展走向具有重要意义。

（一）现行城镇社会养老保险制度的内容和特点

从城镇社会养老保险制度的改革历程和发展演变来看，其制度外延不断扩大，内涵日益丰富，水平逐渐提高，目前形成了以"城职保"制度为主体、"城居保"制度及时跟进的格局。

1."城职保"制度的内容和特点

"城职保"制度经历多次的模式改进和制度完善，现已走向基本定型和稳定发展的阶段。现在的工作重心是继续扩大制度覆盖范围，进一步拓展制度的普及性、可及性和统一性。总体来看，"城职保"制度的内容和特点如下。

（1）覆盖范围

《社会保险法》中第10条和第95条对制度覆盖对象做了原则性和权威性的界定说明，再综合国务院各部委出台的一些补充性政策，目前城镇职工基本养老保险制度法定义务人主要包括：不论是何种经济成分类型下的城镇企业和其具有劳动关系的固定工及合同工，实行企业化管理的事业单位及其职工，依法在各级民政部门登记的社会团体、基金会、民办非企业单位及其签订聘用合同或劳动合同的专职工作人员，监狱企业工人，进城务工的农村居民（即农民工）等。而无雇工的个体工商户、未在用人单位参加基本养老保险的非全日制从业人员以及其他灵活就业人员等是"城职保"制度的自愿参加群体。从政策演变角度来讲，"城职保"制度的覆盖范围已从只面向正规就业劳动者逐渐向灵活就业者不断扩展，理论上已基本涵盖了正在从事社会劳动的全体劳动者。

（2）筹资模式和方式

"城职保"制度继续实行"社会统筹与个人账户相结合"的制度模式，并以《社会保险法》的法律形式确定下来，这是历史实践取得的经验结果，也是现实发展需要的客观选择，更是未来推进城乡统筹的制度基础。坚定不移地实施用人单位和个人缴费以及政府补贴的三方共担缴费机制，用人单位应当按照国家规定本单位职工工资总额的比例（一般不得超过企业工资总额的20%）缴纳基本养老保险费，记入统筹基金账户，职工按照国家规定本人工资的比例（一般为本人缴费工资的8%）缴纳基本养老保险费，记入个人账户。当基本养老保险基金出现支付不足时，政府给予补贴，明确了政府在基本养老保险中的"兜底"责任，也完全符合养老保险制度社会化筹资的发展方向。

（3）领取养老金条件

《社会保险法》第16条规定："参加基本养老保险的个人，达到法定退休年龄时累计缴费满15年的，按月领取基本养老金。达到法定退休年龄时累计缴费不足15年的，可以缴费至满15年，按月领取基本养老金，也可以转入新型农村社会养老保险或者城镇居民社会养老保险，按照国务院规定享受相应的养老保险待遇。"可见，获得基本养老金必须具备的条件有：一是达到法定退休年龄；二是累计缴费满15年。另外，与之前的政策相比，较大改进之处就是当缴费不满15年时不再是"不发给基础养老金，个人账户储存额一次性支付给本人，终止基本养老保险关系"，而是明确增加了补缴足15年、转入新型农村养老保险或者转入城镇居民社会养老保险三种解决办法。这就从理论上避免了很多因为缴费不足而引发的养老保险待遇纠纷，体现出制度转接灵活性和选择的自由性等特点。但在政策实践中，即便是2012年11月26日发布的《城乡养老保险制度衔接暂行办法》（征求意见稿）可以进行制度间的转换衔接了，但仍然存在制度设计层面的诸多"门槛"，以及待遇和年限折算困难等问题，尤其是"城职保"向新型农村养老保险和城镇居民社会养老保险转移时，只转个人账户、不转统筹基金的做法，可能会消解缴费年限不足流动人员办理"关系转移"的动力，诱发城乡养老保险制度新的不公平或矛盾。

（4）养老金计发办法

目前，基本养老金的计发方法仍是按照2005年《国务院关于完善企业职工基本养老保险制度的决定》的规定，在1997年《国务院关于建立统一的企业职工基本养老保险制度的决定》实施以后，参加工作、缴费年限（含视同缴费年限）累计满15年的人员，退休后按月发给基本养老金。基本养老金由基础养老金和个人账户养老金组成。退休时的基础养老金月标准以当地上年度在岗职工月平均工资和本人指数化月平均缴费工资的平均值为基数，缴费每满一年发给1%；个人账户养老金月标准为个人账户储存额除以计发月数，计发月数根据职工退休时城镇人口平均预期寿命、本人退休年龄、利息等因素确定。个人账户不得提前支取，记账利率不得低于银行定期存款利率，免征利息税，个人死亡的，个人账户余额可以继承。

2."城居保"制度的内容和特点

2011年7月1日在全国范围内启动了城镇居民社会养老保险（以下简称"城居保"）制度的试点工作，它是针对城镇中未就业人员以及就业不稳定无法纳入"城职保"制度的居民而建立的一项"保基本、低水平"式的托底性制度，首批试点覆盖面达到60%，目标是到2012年基本实现制度全覆盖。从此，我国基本养老制度真正进入了“全民覆盖、制度养老”的时代。

“城居保”制度的覆盖范围是具有城镇户籍、年满16周岁以上（不含在校学生）、不符合“城职保”参保条件的城镇非从业居民；与“城职保”和新型农村养老保险（以下简称“新农保”）一致，实行社会统筹与个人账户相结合的筹资模式，这一方面是为方便城乡养老保险关系的转移衔接，另一方面也为将来整合成统一的社会养老保险制度而预留“接口”。“城居保”基金主要由个人缴费和政府补贴构成，考虑到城镇居民收入水平和缴费能力普遍高于农村居民，因此缴费标准规定从100元至1000元10档，比“新农保”多设5档，各地方政府还可以根据实际情况增设缴费档次，并对城镇居民参保缴费的补贴标准不低于30元/人/年。中央确定的基础养老金最低标准目前为55元/人/月，中央财政按此标准对中西部地区全额补助，对东部地区补助一半，这与“新农保”的补助政策是一致的。

统一合并实施城乡居民养老保险制度的地区，可以不分城乡户籍，由参保人自由选择缴费档次，多缴多得，“弹性”更强，这样不仅有利于适应不同收入水平群体的经济承受能力，满足其更高水平的养老需求，而且也尊重了个人对养老保障的偏好和意愿，有助于提高城乡居民的参保积极性。参加“城居保”的待遇领取年龄，无论男女都是60周岁，待遇支付结构是由基础养老金和个人账户养老金共同组成。目前中央确定的基础养老金标准为55元/人/月，地方政府可以适当提高标准，对长期参保缴费的城镇居民，可加发基础养老金并提供激励性的缴费补贴。城镇居民的个人缴费、地方政府对参保人的缴费补贴及其他来源的缴费资助，全部记入个人账户。

总体来看，“城居保”与“新农保”在制度模式和政策框架等方面基本一致，政府政策引导和居民自愿参保相结合、个人（家庭）缴费和政府补贴的责任分担机制、缴费档次自主选择的弹性设计机制和“广覆盖、保基本”等是该制度最鲜明的特点。目前，各地根据国家的原则性规定和本地区的实际情况出台了相应的配套措施，并在部分省份实现了与“新农保”制度的合并实施，形成城乡居民社会养老保险制度。

（二）现行农村社会养老保险制度的内容和特点

我国农村社会养老保险制度的建立和发展并非一帆风顺，在长期缺乏统一性和规范性的政策指导下，各地的农村养老保险制度发展在内容和形式、范围和标准等方面均呈现出多元多样的特点。尤其是在“老农保”运行陷入“停滞”

之后，各地方政府为不断分化的农民群体建立起符合本地实际的“个性化”养老保险制度，如“版本”多样的“老农保”制度、被征地农民养老保险、农民工养老保险、水库移民养老保险、村干部养老保险、农村五保供养、农村独女户和双女户计划生育家庭奖励扶助政策和现行试点的“新农保”制度等，分群设计的养老保险一直延续至今。2011年《社会保险法》中明确了“新农保”制度将是农村居民的主体性养老保险制度，为“碎片化”的农村养老保险制度指明了整合统一的方向。因此，现行的农村养老保险制度主要指“新农保”制度。

1. 覆盖范围

未参加“城职保”制度、年满16周岁（不含在校学生）的农村居民，可以自愿参保。虽是政府组织引导，适龄农民自愿参加，但是为了提高参保率，在各地政策执行中存在“隐形强制”问题，如规定不缴费建立个人账户者，不能享受集体补助和地方政府财政补贴；适龄人群不参保者，其家庭中60岁以上的老人无法享受到基础养老金等。另外，与“老农保”相比，“新农保”制度的覆盖范围明显扩大，年龄下限由原来的20岁或一些地方规定的18岁统一扩大到16岁，并不再细分参保人群，只要不参加“城职保”的居民都可以自愿参保，逐渐把先前针对不同群体在特殊时期建立的养老保险制度统一纳入“新农保”制度之中。

2. 筹资模式和方式

“新农保”突破“老农保”单一个人账户式的完全积累制形式，实行社会统筹与个人账户相结合的“大账户、小统筹”模式，以及“个人缴费、集体补助、政府补贴”的筹资方式，在提高养老金水平的同时也增强了养老保险的互助互济功能。“新农保”年缴费标准有100元、200元、300元、400元和500元共5档，地方根据实际可适当增加档次以供参保人自由选择，国家将依据农村居民年人均纯收入增长、经济增长等情况适时调整缴费档次。有条件的村集体应对参保人缴费进行适当补助，补助标准由村民委员会通过召开村民会议进行民主决定。地方政府为参保人缴费提供的补贴标准不得低于30元/人/年，对选择较高缴费档次的参保人，可以进行适当鼓励。对农村特困人群、重度残疾人等特殊缴费困难群体，地方政府应为其代缴部分或全部最低标准的养老保险费。在实践过程中，因制度设计的激励性不足和农民收入水平较低的限制，多数农民选择了较低的缴费档次，以至于年老后的养老金水平难以有实质性的提高，而且“强制不足、自愿有余”的参保特点造成“富裕户不想保、年轻人不愿保、中年人不肯保、贫困户不能保”的现象，严重违背社会保险制度的大数定律。

长此以往，城乡养老保险待遇水平的差距将会更大。

3. 领取养老金条件

“新农保”养老金待遇领取的年龄条件是男女达到60周岁，对于“新农保”开始实施时已年满60周岁、又未享受“城职保”待遇的农村居民不用缴费，可按月领取55元/人/月的基础养老金，但其符合参保条件的子女必须参保缴费。“新农保”开始实施时距离领取年龄不足15年的参保者，应按年缴费，也允许补缴，累计缴费可以不超过15年；距领取年龄超过15年的，应按年缴费，累计缴费年限不少于15年。

4. 养老金计发办法

养老金待遇由基础养老金和个人账户养老金组成，支付终身。政府对符合领取条件的参保人全额支付“新农保”基础养老金，基础养老金标准为55元/人/月，其中中央财政对中西部地区按中央确定的基础养老金标准给予全额补助，对东部地区给予50%的补助，其本质上是一种政府公共财政资助下的公平性普惠制养老金。对于长期缴费的农村居民，可适当加发基础养老金，提高和加发部分的资金由地方政府支出，国家根据经济发展和物价变动等情况适时调整基础养老金的最低标准。个人缴费、集体补助以及地方政府的缴费补贴全部记入个人账户，产权归个人所有。个人账户养老金的月计发标准为个人账户全部储存额除以139（与现行“城职保”个人账户养老金计发系数相同）。参保人死亡后，个人账户中的资金余额，除政府补贴外，可以依法继承，而政府补贴的余额将继续用于支付其他参保人的养老金，待遇给付体现出公平福利性。

5. 统筹层次

在制度试点阶段，“新农保”基金暂时实行县级管理，随着试点范围的扩大，逐步提高管理层次，有条件的地方也可以直接实行省级管理。“新农保”基金纳入社会保障基金财政专户，实行“收支两条线”管理，单独记账、核算，并按有关规定进行保值增值。但从目前来看，“新农保”基金的统筹层次还基本停留在县级层面，被分割运行在全国2800余个县级统筹单位中，基金无法相互调剂，更缺少有效的投资渠道，主要是存入银行和购买国债，面临巨大的保值升值压力。

第二节　中国社会养老保险制度城乡统筹的现实约束

目前，我国已进入“工业反哺农业、城市支持农村”的城乡统筹发展时期。

社会养老保险城乡统筹作为重要的统筹部分，不仅是解决城乡发展不平衡的内在要求，还是加快推进城乡基本公共服务均等化的必然趋势。但从城乡社会养老保险制度的时空演进过程、制度差异对比和实际运行效果来看，其制度本身不仅存有大量阻碍统筹对接的障碍性问题，还受到制度外部环境的制约，统筹之路不可能“一蹴而就”，更不会是“一路坦途”。为了更好地制定社会养老保险城乡统筹的战略目标和推进步骤，需要对阻碍统筹进程的制度问题给予有针对性地剖析，还要对制度发展所处时空境遇做全面的研究判断，只有这样才能使统筹路径选择和实施步骤的设计更具合理性和可行性。

一、社会养老保险制度城乡统筹的内在障碍

养老保险制度是社会保障建设的“重头戏”，一直受到政府的政策重视和财政倾斜，目前已基本实现了制度安排的“从无到有”和“从有到全”，并正在向“从全到优”的社会化目标迈进。但受制度路径依赖的影响，以及历史遗留问题与现实实践偏差等风险因素的双重“夹击”，养老保险“网格碎片化”的非均衡发展格局还在继续扩大着城乡间、区域间和群体间的社会保障差距和不公平程度，给城乡社会养老保险制度的统筹整合造成了巨大的障碍和困难。

（一）城乡社会养老保险制度的“碎片化”程度深

我国养老保险制度体系“碎片化”格局的形成有其历史使然性和现实客观性，不仅是客观的城乡差距、群体差异和职业隔离所致的被动结果，更多归结于“量体裁衣式”政策设计和“渐进式”改革的主动选择。一方面，城乡经济社会发展差距以及群体间的职业和收入差距是现实存在，短期内也难以消除，分群分类的“碎片式”养老保险制度设计或许更符合“由内及外”“由简到繁”的逻辑思路，同时各制度类型的边界也容易识别，操作程序相对简单，不失为一条管理成本较低且能更好实现制度功能的捷径；另一方面，我国养老保险制度最初是“被动式”的应急或配套之策，“贴补丁式”的补救套路不仅增加了制度“碎片化”的数量，而且固化了各自的边界，尤其是多次制度改革，并非采取“破旧立新”“整合融通”的存量式改组方式，而是为了避免大的社会波动，采用延续旧制度、试点新制度的增量式调整手段，造成“新老问题”相互交织、“新旧制度”独立并行的混乱局面，无形中加重了制度“大碎片”套“小碎片”的复杂程度。综合来看，目前我国社会养老保险制度的“碎片化”有以下几种形式。

1. 社会养老保险制度的城乡“碎片化”

由于历史原因，我国城乡经济发展水平和社会发展程度差距明显，再加上长期“重城市、轻农村”的经济政策导向，以及为适应计划经济体制而逐步建立起来的城乡分割户籍管理制度，使我国形成了特有的城乡二元化结构。与此相应，养老保险制度的建立与户籍身份相适应，并在“先城市、后农村”的施政理念下建立起城市和农村相互独立的两套养老保险系统。这两类互不相通的养老保险制度无论在制度目标、政府责任、资金筹集模式、待遇给付标准等宏观领域，还是在覆盖范围、个人账户管理、基金投资运营模式以及养老保险水平等微观方面都存在着巨大的制度性差异。农村居民因户籍身份的不同而被迫实行差异化的保障形式和低层次的保障水平，无法与城镇居民享有同等的养老保障权利。尽管西方多数工业化国家的养老保障也经历了“先城市、后农村”的发展历程，有的国家甚至单独为农民设立了专门的养老保障制度，但其制度设计是根据职业划分而并非依据户籍地域划分的，其国民可根据职业变换而顺畅转接养老保险关系，但我国的户籍制度与社会福利是捆绑着的，即使农村户口居民的职业在变换而户籍身份不改变，其养老保险等社会保障待遇和服务的享受始终是和城镇户口居民有实质性差异的。城市养老保险和农村养老保险是我国当前最大、也是最难整合起来的两类制度“碎片”。

2. 社会养老保险制度的阶层“碎片化”

随着工业化和城市化进程的不断推进，劳动力流动速度加快，就业方式灵活多样，社会群体阶层分化日益明显，就业与否、就业形式、就业部门性质以及户籍身份类别等就成为区分不同社会群体参加养老保险制度的标准，从而形成了针对城镇就业人口的“城职保”、非就业城镇居民的“城居保”、农村居民的“新农保”、事业单位人员养老保险和公务员退休制度，以及过渡性质的农民工养老保险和失地农民养老保险等多元制度并存的局面。这种“量身定做”“分类施保”的养老保险制度本是一种操作简便和管理高效的技术思路，同时也客观反映出各类社会阶层群体的身份、收入和职业特点，但因社会群体间的经济和社会差异不断扩大，尤其是按身份分类和成员资格确定在快速的职业变换和社会成员流动中变得更加不固定，致使不同养老保险制度有可能对某些群体重复覆盖而导致资源浪费，或是对某些群体排斥遗漏而导致保障缺位或不足。更为重要的是，各类养老保险制度间壁垒森严，缺乏前瞻性的对口接续设计，导致针对不同社会群体设计的养老保险制度之间分离度越来越大，直接妨碍了社会成员的合理流动，加剧了社会阶层分裂和群体间养老保险待遇权利的不公平程度。这种养老保险制度的“阶层碎片化”，强化了多元养老保险制度的非均衡发展格局，反过来又进一步拉大了各社会阶层群体本就存在的各种差距，已经成为当前影响社会稳定的重要风险因素。

3. 社会养老保险制度的区域“碎片化”

我国城乡养老保险制度及其管理体制实质上存有横纵双向的区域“碎片化”特征。“横向碎片化”是指在我国现行的行政管理体制、财政体制和立法体制下，城乡养老保险制度实行的是属地化管理方式，制度统筹层次定位在哪一级就意味着哪一级政府要承担起相应的“出资”和“主管”责任。因此，提高统筹层次的过程实质上也是打破制度“区域碎片”的过程。

“纵向碎片化”是指“新农保”和“城居保”制度既有地方政府的自行试点，又有国家级政策试点两种情况，而且并不是所有的地方政府试验性政策都能跃升为国家级政策，二者在同时试点过程中必然存在一定的区别。同时，国家级试点是分时段、分批次逐步推开的，这也必然导致各地区的制度实施存在时间差，在一定程度上造成试点地区和非试点地区、国家级试点地区和地方自行试点地区的相互攀比，再加上各地方经济发展水平不一，中央政府和地方政府对新农保的补贴标准有别，无形中助长了养老保险的区域“碎片化”。

（二）城乡社会养老保险制度的衔接政策有局限

我国城乡社会养老保险制度主要是依据城乡二元化户籍体制、群体身份差异和不同就业类型等标准单独设计的，每一类别的群体都可以找到相适应的养老保险制度，“分门别类式”的城乡养老保险制度静态地固化了群体间的属性边界，阻碍了群体间的相互流动，这反过来又加剧了各类养老保险制度间“融合对接”的难度。尤其是在城市化和工业化进程快速推进的今天，身份的转化和就业岗位的转换变得频繁而容易，但城乡养老保险制度在路径依赖和惯性效能作用下，依然坚持着制度内部主体既得利益和制度间各自的“势力范围”。就业方式的多样化和人口加速跨域流动是客观现实，更是大势所趋，为了适应人口流动和建立全国统一劳动力市场的需要，建立不同养老保险制度间的衔接机制是现阶段统筹城乡社会养老保险制度发展的必然选择。但从现实情况看，城乡社会养老保险制度政策衔接办法的“缺失”和“不畅”现象并存，给城乡社会养老保险制度的整合归并带来了一定的限制。

（三）城乡社会养老保险制度的统筹层次偏低

养老保险统筹层次实质上是指养老保险制度能在多大范围内实现社保基金

的相互调剂和互助互济，更涉及由哪一级政府承担社保基金收支核算、财政补贴和管理职责。提高养老保险统筹层次不仅可顺利实现劳动者养老保险关系和社保基金的跨地区转移，还有助于形成全国统一的劳动力市场和公平竞争环境，这是我国多年来提出并践行的重点议题，也是养老保险制度建设和管理体制改革的核心环节。但现实是，不仅“城职保”制度的统筹层次提高缓慢，而且“新农保”制度基本停留在县一级的低统筹层次上，在一定范围内无法实现制度和政策的统一、缴费和待遇计发标准的统一、业务规程和社保基金管理的统一，以及调剂使用社保基金的统一，更难以有效发挥保险制度的“大数效应”，尤其是给劳动力跨域流动转移带来了养老保险关系接续和权益记录上的许多困难。这种“划地为牢”“条块分割”的低统筹层次所带来的负面效应明显，已成为影响城乡社会养老保险统筹推进的主要障碍。

（四）城乡社会养老保险制度的待遇水平相差悬殊

农村养老保险的待遇水平与城镇相比普遍较低已是一个不争的事实。这一方面是政府在社会保障发展战略和财政投入机制等公共政策方面长期实行“重城轻乡”的结果；另一方面也是因为农村养老保险制度的筹资比例偏低且结构设计中缺少用人单位（或雇主）的缴费“大头”所致。在缴费积累和待遇领取相挂钩的计发机制下，筹资机制的“先天性”差距和养老资源的“逆向性”补偿使农村养老保险的待遇水平必然低于城市，而且随着城乡间经济发展水平差距的不断拉大，城乡居民的养老保险待遇差距有不缩反增的态势，这给城乡养老保险的统筹整合增加了难度，已影响到整个社会保障制度的健康运行和“三农”问题的解决。

二、社会养老保险制度城乡统筹的外部制约

社会养老保险城乡统筹作为人类社会生产生活的一项创造性实践活动，必须在一定的时空区域内进行，其一系列的统筹环节和过程都不能超越现有的时空条件制约。因此，我们既需要客观地梳理制度的历史演进过程和发展现状，厘清影响制度统筹整合的内部缺陷障碍，又需要清醒认识到阻滞制度发展的外部制约因素，只有这样才能理性、稳妥地推进制度的统筹建设，以适应时代的发展要求。归纳看来，社会养老保险制度城乡统筹的外在制约因素十分复杂，且相互牵连，主要有城乡二元户籍制度、城乡二元劳动就业制度、分级包干的财政体制、城乡收入差距的扩大化、区域经济发展的不协调等方面。

（一）城乡二元户籍制度

户籍制度的本原功能应是人口数据统计和人口登记管理，世界各国都有类似功能的人口管理制度。但在我国计划经济时期，为了保障工业的优先发展和城市的社会稳定，政府对农村实施包括限制农民自由流动的城乡二元户籍管理制度。这种影响深远的城乡二元户籍管理制度，除具有户籍管理的原始功能外，还被一系列城乡分割和非公平性的政策法规所强化，不仅阻碍了农民向城镇流动，还人为地将劳动用工、就业、住房、医疗、教育和社会保障等与公民权益密切关联的事项同户口相"挂钩"和"捆绑"。尤其是大量的社会福利因素附着在户籍制度之上，使农业户口和非农业户口拥有不同的"含金量"，农民没有自由选择就业和居住地的权利，更没有或是远低于城镇市民所享有的一系列社会福利待遇。对于农村人口来说，谁拥有了城市户口就意味着拥有了一种能够享受一生的多种高福利。事实上也是如此，城镇市民可以享有政府主导建立的水平高、项目全、服务优的养老保险制度，而农民却被长期排斥在外。计划经济时期形成的城乡二元户籍制度长期承载了过多的"附加利益"并逐渐固化，相应的城乡二元养老保险制度建设和发展与之有了一定的适应性和路径依赖性。

改革开放后，市场经济改革的逐步深化和劳动力资源的快速流动对我国城乡分割的二元户籍制度产生了强烈冲击，城乡户籍"藩篱"也开始松动，大量农民涌入城市成为"农民工"，为城市的发展繁荣做出了贡献，但还是无法公平地享有城市的一些社会福利待遇。虽说户籍制度改革序幕从1984年就已拉开，中央也逐渐赋予地方政府可根据自身区域的利益而设定不同落户条件的实际裁量权，开始从计划经济时代的"计划控制"向"条件限制"转变，但各城市不同形式的落户条件却存在着高度的同质性，即设定的"入市"条件主要集中于收入水平、住房、投资额和人才引进等方面。这给在城市就业且想要落户的农民群体设置了"高"门槛，一定程度上阻碍了农村人口城市化。另外，我国不同区域的经济发展水平差异显著，大中小城市间的城市容纳能力也有较大区别。因此，很难在全国范围内建立一个普遍适用的统一"落户"标准以满足不同区域和城市的个性化需求。户籍制度的"松绑"改革在时间和空间上的选择也是遵循"先小城市、后大城市""先局部、后整体"的增量式渐进试点推进过程，区域化特色明显，而且各地户籍制度改革的"单兵突进"和"先后不一"，很容易造成人口迁移的"扎堆"现象，致使部分具有福利优势的地区或城市陷入养老保险制度服务供给紧张的局面。出于地方利益保护的考虑，各地对城乡养老保险制度管理和转接办法制定了不同的标准，甚至还设置了“只占便宜不吃亏”的“霸王”条款，阻碍了劳动者在城乡间和地域间的自由流动。

正是城乡社会养老保险制度在二元户籍管理体制下有了长期的适应性和不断的自我强化，使得我国在多次的养老保险制度改革中都没有足够“勇气”去突破或改变路径方向，也在一定程度上默许了各地方“五花八门”的自我创新实践，导致城乡居民不能按职业而依旧按户籍身份来获得相应的养老保障。同时也把一些在城市生活且具有较高缴费能力的农民继续限制在农村养老保险制度之内，无法自由选择，尤其是在城镇非正规就业的农民工群体，也因户籍原因必须首选参加户籍所在地的“新农保”制度，即使是城镇正规就业的农民工，被强制参加了“城职保”，也因较强的流动性和各地养老保险制度的不统一而导致转移接续困难，甚至是养老金利益的便携性损失，最终不得不“退保”。由此可见，隔绝城乡的二元户籍制度壁垒虽有所弱化，但户籍身份差异仍然是界定城乡养老保险制度覆盖对象和首选参保制度的标准。一旦劳动者在城乡间双向流动时，养老保险关系的转移接续问题就变得程序复杂、成本太高甚至过程不畅，这已成为城乡社会养老保险制度统筹衔接的重大障碍。

（二）城乡二元劳动就业制度

我国劳动力市场的城乡二元化问题由来已久，其形成既是因为农业和工业生产方式不同而自然产生的城乡分割，又是因城乡二元户籍管理体制的人为设计而产生的富有“中国特色”的城乡分割，二者相互交织，尤其是二元户籍制度更是加剧城乡劳动力市场分割的深层次原因。追本溯源，建国初期我国选择了计划经济体制和重工业优先发展的“赶超型”发展战略，除了要抽取农村剩余经济来获得支持城市工业建设的资本积累外，还要弥补重工业对劳动力吸纳能力十分有限的弱点，不仅在城市建立起严格计划配给式的劳动用工制度，而且于1958年颁布了《中华人民共和国户口登记条例》，以法律形式有效地把农村人口限制在城市体制之外，进一步控制农村劳动力向城市流动，同时也保障了城市居民的充分就业以及其他福利不外流。因此，城乡劳动者就被固定在各自的区域从事着相应的产业劳动，在一系列的城乡隔离政策作用下，相互流动转换变得异常困难，农民除了参军、升学等情况外，几乎没有进入城镇企业就业的可能性，而市民更不会放弃城镇优厚的福利待遇而主动流动到农村就业。另外，城镇劳动者是国家单位人员，由国家长期雇佣，实行充分就业制度和单位保障式的养老保险制度，而农村劳动者在以人民公社为基础的集体经济体制内劳动，并根据农村劳动就业的特征形成了以公社集体保障和家庭保障为主的集体养老制度。至此，以户籍制度为核心、以保障城市劳动力全面就业为目标的排他性劳动就业制度和养老保险制度得以建立，由此也形成了典型的城乡二元分割劳动力市场。

（三）分级包干的财政体制

城乡社会养老保险制度的统筹发展需要政府财政资源的大力投入和合理配置，但现行“分灶吃饭”的财政体制和养老保险基金的独立核算制度，造成中央和地方各级政府的养老保险财政支出绩效不高，阻滞了养老保险制度统筹层次的提高，同时也增加了城乡养老保险关系转移接续的难度。究其原因，一方面源于政府财政长期对城乡养老保险制度实行二元差别化投入，养老保险资源配置的城乡不均衡使各地区间、城乡间的养老保险制度发展速度有快有慢、发展环境有好有坏、发展水平有高有低，一时间尚不具备全国一体化发展的条件；另一方面也由中央财政和地方财政在划分城乡养老保险制度事权、财权方面分担不合理和责任不清晰，以及地方利益和责任不平衡所致。

（四）城乡收入差距的扩大化

社会贫富差距现已成为中国的“敏感”问题，而城乡差距可谓是收入分配的最大不公。从形成和演化的机制层面来看，城乡差距是历史发展过程中的必然现象，世界上任何一个经历过工业化过程的国家都出现过，但我国城乡差距的扩大化既是城乡产业特性和工业化中期发展阶段的规律性作用所致，又是城乡二元化结构和一系列城乡不公平制度所强化的结果。具体而言，我国目前正处于工业化中期的发展阶段，在加快工业化和城市化的推进过程中，总体呈现出农业收益递减、工业收益递增的规律，城市和农村主导产业的比较劳动生产率差异十分显著，由此会发展为城乡之间的收入差距。另外，经济发展本就是一个内在的不平等过程，经济发展成果在不同类型的群体中并非平均分配，城乡收入不平等也往往要经历一个从逐步扩大到短期稳定再到逐步缩小的过程，库兹涅茨的“倒U型”曲线收入假说就很好地阐明了这个问题。况且我国还是一个经济欠发达的后发型发展中大国，经济结构二元化程度严重，城乡发展不平衡问题由来已久，在农业和非农业、农村和城市之间经济发展差距不断扩大的惯性作用下，农村劳动者相对收入的下降带有一定的普遍性。尤其是在建国初期，我国形成了“重城轻乡”“重工轻农”的政策倾向，并通过对农产品价格的“剪刀差”来支持城市工业的优先发展，这对于城乡收入差距的形成和扩大无疑起到了推波助澜的作用。除此之外，政府还配套了城乡有别的二元户籍管理制度、土地产权制度、社会保障制度和政治制度等一系列工农分离、城乡不公的制度和政策，在现行财政体制和行政体制的运作下，更加大了城乡已有的发展差距并呈现出扩大化趋势。可以说，我国当前城乡差距的扩大化，是我国特殊国情下长期积累的结构性矛盾和体制性矛盾尖锐化的产物，短期内是没有能力完全消除的。

（五）区域经济发展的不协调

区域差异是由于区域自然时空条件、历史发展基础和社会经济水平的不同等客观因素所引起，不管是发达国家还是发展中国家都有因上述因素而形成的经济发展的地区差异性。我国的现代化进程除了存在巨大的城乡差距现实外，还面临着区域发展不协调和地区收入差距随着时间持续扩大的问题。从相对倍数来看，东中西部的地区差距远大于城乡差距，尽管城乡差距是在原本就很严重、差距较大的基础上逐步加剧的，地区差距则是在改革开放之初原本差距很小的基础上之后才凸显起来，但地区差距却是建立在城乡差距基础之上并被不同时期政府的区域发展战略所持续影响，致使不合理差距比重不断扩大，各区域间的利益分配落差日渐明显。

第三节　中国社会养老保险制度城乡统筹的战略选择

我国社会养老保险制度城乡统筹是形势所迫、势在必行，也是顺应养老保险制度发展的一般规律、大势所趋，尤其是现阶段我国虽初步具备了推进制度统筹的条件，但统筹战略和实施步骤切不可“操之过急”，更不能“盲目无序”。既要参考发达国家养老保险制度城乡一体化推行的条件，又要立足于中国的客观国情，不仅要从历史的角度纵向分析不同社会时空下养老保险制度发展的过去、现在和未来的因果制约关系，而且要从现实的角度逐步进行城镇内部、农村内部和城乡之间养老保险制度“点”的完善、“线”的畅通和“面”的整合，着重搞好制度统筹改革的顶层设计，从制度、时间和空间的三维视角设计社会养老保险城乡统筹的目标模式和推进步骤。

一、中国进入社会养老保险制度城乡统筹的推进期

目前，城乡社会养老保险制度二元分治和发展失衡的断裂格局已成为我国社会保障制度发展的主要瓶颈和“三农”问题解决的掣肘之力。加快推进社会养老保险城乡统筹，不仅是均衡城乡发展、提高农村社会保障水平的必要之举，而且对社会主义新农村建设和小康社会的全面实现都具有重要的意义。现阶段，我国推进社会养老保险制度城乡统筹不仅必要，而且各方面条件已初步具备，

统筹时机基本成熟。

（一）社会养老保险制度城乡统筹的必要性

由于城乡二元化的养老保险制度在结构设计、待遇水平、政策衔接、发展协调、养老资源配置和服务可及性等方面的差距而导致一系列问题，已严重影响到社会养老保险制度的整体发展、优化提升和功能发挥。因此，推进城乡社会养老保险制度的统筹整合乃至一体化发展十分必要。

首先，整合城乡分割的“碎片化”养老保险体系，实现城乡养老保险制度的统筹发展是保证城乡居民基本养老保障权利和维护社会公平正义的重要途径。历史实践和现实发展的事实表明，基于户籍藩篱和身份制下的城乡养老保险制度从建立伊始就按着“一国多策”的目标分设和差别化的模式分治，几番改革也始终沿着一条“先体制内、后体制外”“重城市、轻农村”的路径推进，致使现行养老保险制度安排多元并存，不仅有城镇和农村相互独立的两套养老保险系统，而且在各自内部还包括为不同身份群体单独设计运行的养老保险，制度体系可谓是“五花八门”“碎片丛生”，政策规则是“交叉缺位”“互不兼容”，发展水平是“城快乡慢”“城高乡低”，管理服务是“地方割据”“各自为政”……，违背了养老保险制度的社会公平本质，损害了农村居民的基本养老保障权利。为了扭转这种对农村和农民的不利局面，必须将“以城带乡、以工促农”作为契机，以提升农村养老保险制度水平和质量为重点，以推进城乡基本公共服务均等化为手段，积极推进城乡社会养老保险制度的统筹整合，来实现养老保险制度公平、普惠、一体化发展的目标。这是均衡城乡养老保险发展、弥合制度间断裂的关键之举，更是消除城乡“碎片化”养老保险制度格局、维护社会公平正义的重要手段。

其次，社会养老保险制度城乡统筹是解决农村养老危机、促进劳动力资源合理流动和缩小城乡居民收入差距的现实选择。农村老龄化和贫困化现象的凸显以及传统养老保障功能的持续弱化，增加了农村家庭的养老风险和经济负担，再加上政府主导建立正式农村养老保险制度安排的长期缺失，致使农村养老危机日益显性化和严重化。社会养老保险城乡统筹就是要把养老资源适当向农村倾斜配置，加快农村养老保险制度的建立和发展，不断缩小城乡养老保险待遇水平的差距，免除农村居民的养老后顾之忧，让农村居民与城镇居民公平享有养老保障权益，切实体现宪法赋予其的基本生存权利。另外，随着工业化和城市化的不断推进，大量流动于城乡之间的社会群体（主要是农民工）没有被基本的养老保险制度所覆盖，或是由于城乡户籍身份的限制导致养老权利的丧失以及养老权益的损失，城乡养老保险制度的非均衡性和非衔接性已严重影响到流动群体（还包括其后代）享受公共福利资源的公平性及融入城市社会的可能性。社会养老保险城乡统筹就是试图拓展养老保险制度的覆盖范围，打通城乡社会养老保险制度的连接通道，逐步缩小城乡居民养老保险的待遇差距，以实现社会养老资源在城乡居民间的公平、有效配置，为全体国民提供基本均等化的养老保障与服务，建立城乡统一的劳动力市场。

最后，统筹发展城乡社会养老保险制度也是实现“覆盖全民社会保障体系”和“人人老有所养”目标的必然要求。现如今，把加快建立“覆盖全民社会保障体系”作为社会民生建设的“重头戏”，统筹城乡社会养老保险更是社会保障制度整体优化、持续发展的“排头兵”。它要求在推进基本公共服务均等化的过程中，要实现不同地域、不同阶层、不同职业间的群体平等享受基本生存与发展的各项权利和资源，实现城市与农村的良性互动与协调发展，为城乡居民提供基本的养老保障与服务，调整不同群体间的利益分配格局，缩小城乡居民间的经济收入差距和福利差异，消除城乡社会养老保险制度设计和运行中的不公平、不合理和不和谐因素，以创造良好的城乡关系和阶层关系。这对实现全体公民“老有所养”目标和社会的和谐稳定具有积极意义。

（二）社会养老保险制度城乡统筹的推进原则

我国虽然已进入社会养老保险制度城乡统筹的推进期，但阻碍统筹发展的制度内缺陷和制度外制约力量依然强大，任何一个环节的疏漏或失误都有可能衍生出“积重难返”的问题。因此，在推进制度统筹的过程中，决不能脱离各个时期社会经济发展条件而实行“超常规”或“跨越式”的发展模式，更不能不顾城乡养老保险制度的现实约束条件而进行“单兵深入”或“撒胡椒面式”的推进方式，应在遵循前瞻性、可操作性、与其他制度改革的协调性和相容性等一套明确且实际的推进原则基础上，有步骤、有目的、分阶段、分类别地规划出与社会经济发展水平相适应的目标模式，以保证制度统筹进程的顺利进行。

1. 前瞻性

目前，我国城乡各类养老保险制度所面临的发展困境，大多是由制度设计缺乏长远规划或体系协调性差所导致。因此，在推进制度统筹发展过程中，就应该摒弃以往“打补丁式”的应急政策和“头痛医头、脚痛医脚”的短视策略，更不能只看到当前条件的不充分或满足于即期效应，而忽略制度的长远效应和逐步具备的未来条件，应以一种发展的眼光、全局的视角、系统的思维来设计我国城乡养老保险制度统筹发展的制度模式和推进策略。

首先，制度设计必须立足于各时期的社会时空条件。无论是制定城乡社会养老保险制度统筹发展的近期目标还是远景规划，都不能脱离制度发展所需要的客观内外部条件，尤其是在城乡差别、地区差距和群体差异不可能完全消除的情况下，制度统筹的前瞻性设计必须立足在现实条件基础上进行预测和规划，否则就可能成为“空谈”，甚至是“妄想”。

其次，制度设计和推进必须具有阶段性和渐进性。社会养老保险城乡统筹不可能一蹴而就，更不能寄希望于通过制度变迁来一次性完成，而是要根据制度建设的轻重缓急，先后有序地、分阶段地、适应经济社会发展水平地设计出渐进整合统筹的方案。

最后，制度设计要体现出灵活性。制度统筹渐进性的原因，一方面是要与各时期社会经济承受能力和社会时空制约条件相适应；另一方面是制度能够随着各方面情况变化而进行适应性变动调整。在统筹的过程中，不要刻意追求全国范围内养老保险制度各项指标或标准的完全统一，而是应在基本制度统一的层面下，允许各地区有一定的差别性和政策灵活性，以适应各地经济发展水平不同的客观现实，待各地区养老保险制度发展条件相近时，再逐步实现区域内统一和区域间统一，直至全国统一。即通过前期有差别的发展，才有可能最终实现无差别的、一体化的发展目标。

2. 可操作性

社会养老保险制度城乡统筹的方案设计和推进策略除了要有长期规划的宏观视野，还要有实实在在的可操作性。换言之，任何一个时期的制度设计和发展时空定位不能超越或滞后于当时的社会经济各方面条件，还要兼顾政府、用人单位和个人等制度主体的缴费承受能力，必须从实际出发，与地区社会经济发展水平相适应，与中央和地方财政支持能力相适应。在统筹过程中，不单是强调农村养老保险制度的发展，更重要的是，通过城乡养老保险制度的模式改良、管理体制统一和社保基金统筹层次提高等手段，创造城乡养老保险制度衔接整合的条件，实现二者相互交融和协调发展的格局。同时，可操作性的另外一个重要体现就是在当前养老保险制度发展存有明显城乡差别、地域差距和群体差异的现实情况下，采取区域非均衡整体发展和梯度推进战略，来换取城乡社会养老保险制度公平有序发展的相对均衡。具体而言，对省域内部、省域间的城乡养老保险发展空间格局进行整合优化，加强对养老保险统筹发展“劣势”省份的财政资源投入力度，强化“优势”省份对周边区域的辐射、带动能力和示范、引导功能，加快农村社会的城市化进程，走一条城乡养老保险制度统筹从省域内到区域间、再到全国范围内的均衡发展路径。

3. 与工业化、城市化进程的协调性

工业化水平的不断提高和城乡发展的统筹融合是21世纪中国工农关系和城乡关系的总体发展方向，城乡养老保险制度分立运行的制度模式和独立发展的思维定式，已不适应农村劳动力加速进入城市和职业身份频繁转换的新形势，城乡非兼容的养老保险政策业已成为劳动力流动的最大障碍。从目前我国工业化和城市化水平的各项指标看，我国国民经济的工业化程度已达到了工业化中期阶段，新型的城乡关系正在逐步形成，城市化程度基本适应了工业化中期水平的要求，但大量进城务工的农民群体还不能顺利参加城市的养老保险制度。因此，必须改革现有城市养老保险制度专门为正规就业且劳动关系固定的劳动者所设计的模式，打通城乡养老保险制度关系可自由流转的通道环节，以适应和满足城镇灵活就业群体和进城务工农民的现实养老保险需求。毕竟随着城市化水平的不断提高，大量农民将会在城市以各种方式就业或进一步转成市民，而且农村产业化水平和土地集约化水平将相应提高，原来“自雇式”的农民也有可能转化成农业产业工人。所以，城乡社会养老保险制度统筹建设的步伐应该与工业化和城市化进程保持相对的一致性和协调性，在适当的时机奠定城乡养老保险衔接的制度基石，这样才能既满足城乡居民高层次和多样化的养老需求，又可以促进经济社会的全面快速发展。

4. 与其他社会经济制度改革的相容性

社会养老保险制度城乡统筹是我国进入“以城带乡、以工促农”时期城乡协调发展的重要组成部分，需要一系列的制度改革和配套措施予以保障和支撑。如户籍制度改革的及时跟进，渐进式剥离附着在户籍制度上的社会福利功能，使其由侧重管理控制向信息登记服务的自有功能回归，彻底改变城乡户籍身份隔离所导致的城乡间、地域间养老福利水平差异和城乡劳动者利益分化的格局。加快推进“省直管县”财政管理体制和“乡财县管乡用”的财政管理方式改革，逐步化解县级和乡村债务，明确中央、省、市、县、乡在城乡基本公共服务中的财政供给责任，理顺财政投入机制，严格划分中央财政和地方财政在城乡养老保险制度统筹过程中的财权、事权关系等。逐步改革农村土地制度以适应社会经济及农村现代化发展的需要，建立市场化的土地使用权分配制度，健全农村土地使用价格机制和收益分配机制，切实保障失地农民的经济利益，实现土地换保障，提高农民收入水平，加速土地规模化经营和农村劳动力的转移等。完善公共就业服务，强化政府促进就业的公共服务职能，规范人力资源用工市场，加快建立城乡劳动者平等就业制度和城乡一体化的劳动力市场等。可见，社会养老保险制度城乡统筹的实现，不能单单依靠养老保险制度系统本身的调整和改革，还依赖于社会经济若干制度的改革与完善，从而实现系统间的融通发展和相互促进。

二、社会养老保险制度城乡统筹的实施逻辑

（一）政府主导自上而下推动

制度经济学相关理论认为，根据制度变迁主体的不同，可以将制度变迁分为强制性制度变迁和诱致性制度变迁。其中，强制性制度变迁一般是指由政府行政命令所引起的自上而下的变迁方式，其优势在于可通过政府的公共权威、充足的财政资源优势、密集的组织网络体系和强大的社会动员能力，来降低最初制度组织规划和具体实施的成本，减少制度实施中来自各方面阻力的摩擦成本，以迅速实现制度变迁目标。诱致性制度变迁主要是指由制度不均衡引致的自下而上的自发性变迁方式，其对变迁主体的能力和素质要求很高。

无论是从国外养老保险一体化发展的经验看，还是从我国城乡养老保险制度纵向发展历史看，政府主导、强制推行一直是养老保险制度变迁的长期性方式。同样实践也证明，政府在城乡养老保险制度建设乃至一体化发展中的主导作用有其历史合理性和现实需要性。如日本构建“全民皆年金”的过程中，政府在制度设计、立法规范、财政支持、实施监管中都承担了主导责任；欧盟各国以及欧盟委员会等超国家组织在养老保险制度跨域衔接、关系协调等方面同样发挥了至关重要的作用。毫不夸张地说，没有各成员国政府在本国养老保险制度调适、财政补贴和国家间衔接政策等方面做出的努力，欧盟社会经济一体化进程就难以为继。在我国，城乡养老保险制度建立初始就一直依赖于政府的推广和实施，而且随着社会时空条件的变化，城乡社会养老保险制度统筹发展中政府的作用只能更加强化而不可能削弱。因为统筹制度设计、法制建设、财政供给和管理协调以及统筹过程中所产生的城乡间、地域间和阶层间利益格局调整等问题，只能利用政府的独特地位和优势才能解决，这是市场和其他社会组织都难以承担起来的重任，更是我国现实国情和社会经济发展需要所客观决定的。因此，在推进社会养老保险制度城乡统筹过程中，必须强调各级地方政府的推动责任，全面发挥中央政府全局规划的主导作用。

（二）城市和农村双向推动

城乡社会养老保险制度的统筹发展一定要与其他城乡统筹制度协同共进，

遵循“城市支持农村、工业反哺农业”的战略思维，把财政资源向欠发达地区及农村牧区适当倾斜，提升农村基本公共服务水平，建立和完善农村城市化、现代化和产业化的硬件设施和条件，逐步缩小城乡差距。

具体到城乡社会养老保险制度统筹发展，需要清晰认识到现行养老保险制度存在着城乡区域间非均衡发展的事实，统筹的时机决不能等到城市和农村的养老保险发展水平相差无几时再进行，而是在差别性的前提下，通过城市相对较完善的养老保险制度带动农村养老保险制度的发展和提高，压缩农村养老保险制度的发展时间，换取其与城市养老保险制度同等的发展空间。当然，城乡社会养老保险制度的建立都有当时的适应条件，决不能把城乡养老保险制度、体系、模式和内容等做简单的相互“移植”，更不能不顾实际攀比西方高福利国家较高的农村养老保险水平，而是要坚持“低水平、广覆盖、有弹性、可持续”的原则，通过城乡养老保险制度体系的调整、模式的改良、结构的优化和制度的集成整合，达到二者“一体、互通、共进”的目的。尤其是在重点发展农村养老保险制度的同时，决不能使城市养老保险制度的发展停滞，要城乡双向、同步推进、留有接口、稳步对接，以加快实现城乡基本公共服务均等化为手段，不断缩小城乡养老保险制度差距，最终实现二者的统筹发展，直至一体化运行。

（三）“统分结合、双层关联”模式

从宏观层面看，我国城乡社会养老保险制度的发展时间不充分，区域发展不平衡，尤其是农村养老保险制度与城市相比，发展基础相对薄弱，发展环境也受到人为的政策限制，成为我国社会养老保险制度统筹发展的“短板”。但不能为了城乡统筹而简单地把城市的制度模式“移植”到农村，我国更没有足够的财力把农村人口纳入城市养老保险系统中，而且也不能再走城乡分设、单独运行的二元化道路，这样只会使城乡养老保险差距越拉越大。只有在尊重现有制度路径的基础上，实行“统分结合、双层关联”的模式才是较为稳妥的做法。

“统分结合”一方面是指打通现行城乡两大类养老保险制度的共通部分，建立底层性质的、最低标准的国民养老金制度，实行全国统筹和制度统一，全国各族人民不分城乡、户籍、职业和性别等均统一、普遍享受。在此基础上，再对不同产业部门的从业人员分别提供一份职业关联型的养老金，实现养老保险结构的有统有分。另一方面是指城乡统筹的社会养老保险制度在顶层设计方面要做到全国统一、城乡一体，各省级统筹区域可在一定时期内按照自身实际，灵活配套实施细则，以体现出地区差距、城乡差别和个人差异。既不让中央制度统的“过死”，又不让地方政策分的“太开”，实现养老保险政策的有统有分，

并在渐进发展中“以统融分”“化异趋同”。

“双层关联”是指城乡统筹社会养老保险制度的两个层次不是分离并行的结构，职业养老金的参保者必须涵盖在国民年金制度中，而且第二层次中的各类职业养老金制度之间也必须随着劳动力的流动及其职业的转换而实现制度可衔接、关系可转移。

（四）推进“时间”的循序渐进

我国是一个农业人口众多、经济发展失衡的发展中大国，现在处于并将长期处于社会主义初级阶段，这些都是在处理各种社会问题时不得不考虑的现实国情，而且我国也正在经历由“农业社会向工业社会”“传统社会向现代社会”转型的“阵痛期”，这个阶段是逐步摆脱不发达阶段，也是矛盾和风险的多发时期，其长期性决定了我国城乡统筹将是一个长期、艰难的历史进程。城乡社会养老保险制度统筹作为城乡统筹的一个重要组成部分，其实现过程不可能“一步到位”，更不能走西方发达国家先完善城市养老保险制度、再建立农村养老保险制度的线性进化过程，而是要把城乡养老保险制度从计划经济时期“国家保障”转变为市场经济时期“社会保障”过程中所产生的叠加性问题，压缩到同一时空下解决。既要加快农村养老保险制度的追赶步伐，又不能影响城镇养老保险制度的向前发展，这既需要借鉴国外先进经验，又得依托本土实际情况，合理规划制度统筹的时机，以及具体实施步骤时间点的选择，合理、高效地分配时间资源以拓宽制度发展空间，在制度构建时序上依次经历城乡覆盖、城乡整合、城乡衔接、城乡统筹和城乡一体五个渐进发展阶段才是较为稳妥的方案。

（五）推进“空间”的梯度递进

我国城乡关系和城乡格局具有显著的二元结构特点，城乡间、区域间经济社会发展不平衡的状况难以在短期内消除，“东部城市像欧洲、西部农村像非洲”是对这种现实最鲜明的概括。在二元社会经济结构基础上建立起来的养老保险制度也不可避免地打上了城乡二元化“烙印”，随后的发展进程中，城乡养老保险制度不仅在发展时间上有先有后、有长有短，而且在发展空间上也主要是依据经济发展水平、政府重视程度来分区、分片推开试点的，再加上农民工等群体跨域流动频繁且呈现出“农村向城市、中西部向东部”集中流动的特点，我国养老保险制度发展整体上处于多样化、多类别、多层次、区域性的格局。在当前推进城乡社会养老保险制度统筹发展过程中，一定要从实际出发，绝不能忽视城乡间、地域间的发展差异而搞“一刀切”或“一哄起”，更不能为了一体化目标的快速实现而不讲求策略和步骤，而是要综合考虑各区域城乡养老保险制度现有基础、经济发展水平、人口老龄化程度和各地域群体养老消费需求等因素，尤其是要根据各省份所处的工业化阶段合理划分经济和环境相类似的地域，分区域、分时段逐渐对接和整合发展，尽可能利用合理的空间发展布局压缩城乡养老保险制度统筹发展的时间。同时，既要着力逐步实现城乡养老保险制度一体化发展，又要坚持因地制宜、整体性统一和区域性灵活相结合的原则，通过区域间的扩散效应、“模仿学习”，以及“同行压力”等方式，来实现全国城乡养老保险制度的统筹并轨和渐进统一。

第三章　中国家庭养老金柔性缴费研究

从总的发展趋势来看，随着老龄人口的增加、家庭功能的弱化以及生活节奏的加快，可能会有更多的老人选择院舍养老，但从目前的调查情况看，在我国这种趋势尚未产生，家庭养老方式仍是老人及照顾者的首选。即使将来发生从家庭养老向院舍养老的变化，其产生的正面影响和负面影响尚有待评估。实际上，目前一些福利国家的养老模式正经历由院舍养老向家庭养老的回归过程，因为院舍养老不能满足老年人的各方面需求，特别是情感需求和被尊重的需求。家庭养老是一种环环相扣的反馈模式。在经济上，家庭养老是代与代之间的经济转移，以家庭为载体，自然实现保障功能，自然完成保障过程。父母养育儿女，儿女赡养父母，这种下一代对上一代予以反馈的模式在每两代之间的取予是互惠均衡的，在家庭单位内形成一个天然的养老基金的缴纳、积累、增值以及给付过程。因此，从实质上来说，家庭养老是指由家庭成员提供养老资源的养老方式和养老制度。随着全球人口老龄化的发展，重视家庭养老的重要性，对家庭养老给予政策支持已经成为世界各国应对人口老龄化的共识。

第一节　养老保险缴费率基本理论概述

纵观世界各国社会保障制度发展历史，养老保险全国统筹是制度发展到一定阶段的必然趋势，也是制度完善的主要标志。我国养老保险制度统筹层次较低，养老保险制度改革和完善的趋势必然是推进全国统筹。城镇职工基本养老保险全国统筹的标准是，制度、费率、待遇标准、经办业务流程、养老保险基金调度使用和预算编制的统一。当前城镇职工养老保险全国统筹的基础——统一的制度已经实现，因此统一缴费率就成为养老保险全国统筹的首要任务和途径。

一、相关概念的界定

在部分积累制下，统筹费率的调整不宜过于频繁，而宜采用相对较长的稳定期，实行五年一个平衡期。这样，既有利于养老基金的征收与各级财政预算五年计划吻合，也有利于社会统筹费率测算。

（一）现收现付制

现收现付制（又称为随收即付制）是一种典型的短期横向财务平衡代际收入再分配模式，它是指政府先做一年或几年的社会保障收支平衡预算，然后按照就业人数计算出需要缴纳费用的比例，并且当年筹集的养老保险缴费收入全部用于当年养老金发放。这种以支定收的模式基本不留积累基金，最多只留少量应急准备金。现收现付制能够平稳运行的基本条件是要具有长期相对稳定的人口。同时，它的运行机制具有短期平衡性、代际再分配、注重公平、管理成本低等特点。然而，这种制度的可持续性却面临着人口老龄化的严峻挑战。

（二）基础养老金

基础养老金本质上是一种给付确定型现收现付的代际供养养老金体系。它可以看成是待遇确定型的养老金计划，是社会统筹基金的主要开支。基础养老金和个人账户养老金是职工退休后基本养老金的两个组成部分。在不考虑由制度转轨造成的老人退休金中相当于个人账户养老金部分及中年人退休金的过渡性养老金部分的情况下，社会统筹养老金完全用于基础养老金的部分称为基础养老金统筹基金。

（三）养老保险缴费率

养老保险缴费率是指企业或个人所缴纳的养老保险费占工资总额的比例，它在整个社会保险费率中占重要地位。在现收现付制模式下，养老保险缴费率=平均替代率 × 抚养比。由经济发展总水平决定的平均替代率和由人口结构决定的抚养比，是决定和制约现收现付制之中缴费率高低的两个重要因素，也是决定现收现付制养老保险等社会保障模式能否正常运营和发挥其应有优势的关键性因素。

（四）区域平衡缴费率

基础养老金缴费率是指企业所缴纳的养老保险费用占职工工资总额的比例。在现收现付制模式下，基础养老金缴费率是基础养老金替代率和养老保险制度赡养率的乘积，基础养老金替代率受经济发展水平影响，制度赡养率由参加养老保险人口结构决定，因此经济发展水平因素和人口结构因素是决定现收现付制养老保险缴费率高低和影响养老保险制度发展的重要因素。

国内外学者通过对养老保险制度的研究，揭示出人口因素是养老保险制度的关键因素，对养老保险制度的发展甚至对社会经济发展有重要影响。我国各省之间人口结构差异较大，基础养老金缴费率的确定应考虑省际人口结构的差异，应该是能满足基础养老金基金在区域间平衡的缴费率。养老保险是一项保障社会成员基本养老需求的长期制度安排，保持缴费率稳定是制度稳定性的基本要求。稳定缴费率需要在实现短期养老保险供需平衡基础上，实现缴费和给付的长期精算平衡。因此城镇职工基础养老金区域平衡缴费率应该是可以满足养老保险可持续发展的长期平衡缴费率。

二、基础理论

（一）公平与效率理论

社会保障制度中的公平，包括机会、过程和结果的公平。完善的社会保障制度，首先，应该是面向全体社会成员提供保障，人人都依法有权享受国家提供的社会保障，体现的是获得机会上的公平；其次，社会保障制度为社会成员提供基本生活保障，使社会成员不至于因遭受风险而无法生存，为社会成员的生存提供了一种过程的公平；最后，社会保障制度通过收入再分配，缩小贫富差距，使社会成员能享有一定权利的结果公平。

宏观上效率是资源配置的最优状态，社会保障制度的效率分别是：对经济发展有促进作用的经济效率和提高人们生活满意度的社会效率。公平与效率既是相互对立又是相互促进的关系，政府对待社会保障制度中公平与效率的矛盾主要手段是建立以公平为导向的社会保障制度。养老保险是“国家依法强制实施，专门面向劳动者退休后的社会保障问题的一项社会保险制度”，是政府提供的一种公共产品，其功能定位为国家进行国民收入再分配的手段。因此，养老保险制度的价值取向首先应该是公平。

（二）税制优化理论

西方税制优化理论成熟于20世纪70年代，其代表人物是米尔利斯和维克里。这两位学者也因此于1996年获得诺贝尔经济学奖。该理论越来越成为各国优化和完善税制的重要理论依据。早期的税制优化理论假定前提包括：不存在垄断、外部不存在经济市场失灵、信息充分、政府对税收的无限征管能力、社会福利最大化。但实际上市场信息是不充分的，竞争是不完全的，所谓税制优化是不现实的。于是，次优税制理论应运而生。这一理论认为，既然税收对经济的扭曲作用和效率损失是不可避免的，那么税收政策的制定应致力于使效率损失降到最小，使税制有助于或较少干预市场机制的正常运行。除此之外，次优税制理论还研究了税制对经济行为主体决策刺激作用的问题，较完整地论述了在不充分信息条件下税收对经济决策过程提供的方案、目标及条件。同时，次优税制理论还引入了不同的“社会福利函数”，探讨了效率与公平目标的协调问题。

（三）社会保障收入再分配优化理论

庇古、帕累托、卡尔多、希克斯分别从边际收益递减、资源配置最优效率入手提出了收入再分配的标准。中国学者穆怀中首次系统阐述了社会保障收入再分配优化理论，具体研究了优化依据和优化标准。社会保障收入再分配优化依据包括生存依据和效率依据。一方面，社会保障收入再分配首先要维持人的生存。人在劳动过程中创造了物质财富，所以人对资源具有共享权。而人的生存权是社会保障收入再分配的首要依据。另一方面，社会保障收入再分配效率依据包括内部效率依据与外部效率依据。内部效率依据是指保障人们基本生活效率的大小和有无；外部效率依据是指对劳动者的激励作用、对经济发展推动作用的大小和有无。社会保障收入再分配优化标准包括生存标准和效率标准。一方面，生存标准是指要保障公民基本经济生活，也就是达到生活保障线。这一标准是社会保障收入再分配优化的“基本生存”标准，同时还要结合劳动者退休前的贡献大小，即兼顾效率标准。另一方面，社会保障收入再分配效率标准包括内部效率标准与外部效率标准。这两种效率标准的基本内涵包括社会保障福利自身效益最大化、维护社会稳定和实现经济的可持续发展。社会保障收入再分配优化理论为养老保险缴费率的优化调整奠定了坚实的理论基础。

（四）生命周期假说理论

20 世纪 50 年代，美国经济学家莫迪利安尼提出了生命周期假说理论。该理论的基本假设包括个人理性储蓄与消费以及边际效用递减等。它总结出人一生中的消费总效用达到最优化的基本规律。其主要观点是，个体的消费不只取决于当期的收入，还取决于其一生的总收入。在工作期间，消费者收入多、消费少，形成正储蓄；而在退休期间，消费者收入少、消费多，形成负储蓄；在生命结束时，工作期的正储蓄与退休期的负储蓄相等，呈现出“驼形分布”状况。

从该理论产生的过程与内容看，它更多地涉及年轻人的储蓄和老年人的消费问题。但是，在现实生活中，由于受思维能力、实践经验、经济发展状态等诸多内外因素限制，人们不能完全以理性方式对待储蓄和消费。因此，最可行的是以社会养老保险的方式将人在年轻时的储蓄与退休后的消费统一起来。这样，养老金计划的研究也就有了微观基础。

（五）代际交叠模型

阿莱、萨缪尔森和戴蒙德等人创立的代际交叠模型是以人口时间序列为基础的资源配置模型，也是新古典养老金经济学的理论工具之一。该模型的核心是研究代际交叠中的个人储蓄和消费对资本存量、投资、生产等经济发展要素的影响及其效率的最优选择。代际交叠模型的特点是，在任何时点上，经济中都有两代人在相互作用，也即年轻人和老年人相互交易。个人生命周期存在两个时期，即工作期和退休期。工作期主要是消费和储蓄，工作期储蓄以筹措退休期的消费；退休期消费全部财产（不存在遗赠），实现一生效用最大化，这一过程将不断重复下去。代际交叠模型以储蓄和消费为主线，深入探讨了代际交叠行为对整体经济运行系统的作用和影响。它的基本理论及其在社会保险领域里的应用，长期以来构成了现收现付制代际转移收入再分配模式研究的理论基础。

（六）养老保险长期精算平衡

养老保险为老年职工提供收入保障，职工在年轻时加入计划，退休后开始享受计划提供的养老金，直到计划参加者死亡为止，这需要经历一个较长的时期。而且，人类的养老需要随着世代交替不断延续，这样就使社会养老保险成为一项长期的事业。因此，我们不仅需要对短期内的成本债务进行估计，更需要对长期内的财务收支、偿付能力、精算平衡状态进行估计，它是保证养老保险长期稳健发展的基础。城镇养老保险长期精算估计模型，由几个相互联系的模块组成，即城镇分性别、分年龄人口模型；城镇参加养老金计划在职职工模型；城镇参加养老保险的退休职工模型；平均工资水平和工资总额模型；利率模型；长期精算平衡模型等。结合人口、经济、统计等相关规律进行精算估计、长期敏感性以及随机情景模拟分析，就能够全面了解养老保险体系的发展趋势，及时调整养老保险缴费率，对中国养老金制度的发展具有重大意义。

第二节　国外养老保险缴费制度借鉴分析

养老保险是社会保险制度的核心，关系公民的切身利益和社会稳定。随着我国社会保险制度的不断完善，公民权利意识不断增强，养老保险缴费争议事件层出不穷，社会矛盾愈加突出，并逐渐成为社会焦点问题。然而，对于养老保险缴费争议发生后当事人如何寻求法律救济，当前立法规定有着不小的冲突，理论和实务界也存在着不同的认识，由此直接造成养老保险缴费争议法律救济制度的缺失。“无救济即无权利”，为了更好地保护公民的合法权益，维护社会安全、稳定，明确养老保险缴费争议的法律性质，科学地建构和完善法律救济制度设置迫在眉睫。

一、世界各国和各地区养老保险的缴费制度

当今世界上绝大多数国家建立了养老保险制度。养老保险资金的筹集大多数实行“三方付费制度”，即国家、企业和居民个人共同负担养老保险费用。在不同的国家、不同的地区，企业和个人各自的负担水平极不相同。

（一）英国养老保险缴费制度

英国的养老保险缴费按照受保人工作的性质划分为三类。第一类是雇员，按照收入的一定比例缴费，由雇主和雇员双方分担。个人缴费由收入最低限额规定，每周收入低于一定金额的员工可以免缴纳费用。这体现了国民保险向低收入者进行再分配的功能。第二类是自雇者（个体工商户、自由职业者），也必须强制参加社会养老保险，其缴费由两部分构成，即固定数额的缴费和按照年利润的一定比率缴费。第三类是非从业劳动年龄人口，他们可以自愿参加社会保险，采取固定数额的缴费方式，其费率比自雇者更低。

英国规定养老保险基金由个人、雇主和国家三方按比例负担。雇主缴费12.2%，收入在规定上下限之间的雇员缴纳10%或8.2%，收入低于下限者缴纳2%，超过上限部分不缴；自我雇佣者每周固定缴6.55英镑，加上年利润的6.3%；自愿投保人每周缴纳6.54英镑，不足部分由政府财政补贴。

英国的养老保险个人缴费制度对于每周收入达不到一定金额的职工，规定可以不用缴费，且享受退休后养老保险的福利待遇。同时，收入在缴费上下限之间的职工，有选择个人缴费率的权利，特点是对于低于缴费下限的低收入者采用了较低的个人账户缴费率。英国的养老保险个人缴费制度，考虑到了低收入者的缴费能力，同时也保证了其退休后享受福利的权利，使养老保险制度更具人性化，做到了社会成员间的公平。

（二）美国养老保险缴费制度

美国政府执行的是强制性的社会保障计划。社会保障计划通过征缴工薪税筹资，由雇主和雇员分别按照6.2%的比例纳税，自雇者按照12.4%的比例纳税。如今，个人账户制度逐渐成为美国多层次养老金体系中的重要组成部分，在雇主资助的个人账户计划中，私营企业的401K计划影响力最大。401K计划实现

了国家、雇主、雇员三方为雇员养老分担责任的制度设计，雇员缴费自动从工资中扣减，存入个人 401K 账户，雇主可以按照雇员缴费数额的一定比例匹配缴费。雇员退休后能够领取的养老金数额取决于缴费的多少、资金管理的状况，以及资本市场发展的情况。

在美国，政府强制性的社会保障计划中，个人缴费比例较低，使职工有更多的剩余可支配收入，参加其他渠道的商业保险。这不仅保障了退休后的职工生活水平，同时也促进了商业保险的发展和资本市场的完善。

（三）瑞典养老保险缴费制度

改革前的瑞典养老金制度包括两个部分：一是早在 1913 年就开始实施的统一费率的基本养老金；二是从 1960 年开始引入的与收入关联的补充养老金。基本养老金和补充养老金都是通过工薪税筹资，费用由职工、雇主和国家分担。雇员只需缴纳其工资收入的 1% 作为基本养老保险费，1997 年雇主按照 5.86% 和 13% 的费率分别向基本养老金和补充养老金供款，政府为基本养老金承担财政补贴，数额约为该项养老金所需总费用的 25%。

改革后的瑞典基本养老金制度包括第一层次的收入关联养老金（又称名义个人账户）和第二层次的辅助养老金（又称实账个人账户）。新养老金制度总缴费率是收入的 18.5%，其中 16% 进入制度的名义个人账户部分，2.5% 进入实账个人账户部分。缴费率在雇主和雇员之间平分，但是雇主的缴费基数是雇员所有的收入，而雇员的缴费基数有上限。

瑞典养老保险小规模的实账个人账户制度的引入帮助雇员积累起一定规模的养老基金，并通过雇员的积极主动投资，充分调动了雇员的积极性，也增强了新养老金制度在操作上的可行性和吸引力。瑞典混合式的个人账户制度，与我国目前正在实行的“做小做实”个人账户制度有相似之处。我国养老金个人账户制度长期以来在形式上类似于名义个人账户制度，但并不是在真正的名义个人账户制度。同时，我国的个人账户在投资保值上，应该借鉴瑞典的投资运营模式，这样才能调动个人参保和缴费的积极性。

（四）智利养老保险缴费制度

1981 年智利建立起强制性个人账户的养老金缴费制度。养老金制度是以个人资本为基础建立起来的，即以个人缴费组成完全的养老金基金，实行个人账户制。智利个人账户制度下，雇主没有缴费责任，个人账户基金完全由个人缴纳。每个雇员必须在自己选择的养老保险基金管理公司开办一个账户，按月将工资的 10% 由雇主代扣代缴，交给养老基金管理公司，存入个人账户。此外，雇员还需缴纳工资收入的一定比例（大约在 3% 左右），一部分用于基金公司的管理费用，另一部分用于购买伤残和遗嘱保险。当雇员向个人账户供款超过 20 年，但到退休时积累的基金规模仍达不到最低养老金标准时，由政府提供最低养老金保障。最低养老金标准大致为智利最低工资的 3/4 或者平均工资的 1/4。

智利的养老保险个人账户制度完全由个人缴费形成。个人账户基金的积累达不到最低养老金保障标准时，由政府提供最低养老金保障的制度，充分体现了政府在养老保险制度中的责任，同时保障了低收入人群的生存权利。

（五）新加坡养老保险缴费制度

新加坡实行的是国家管理的个人账户制。从缴费率来看，新加坡中央公积金的缴费是世界上最高的，有一段时间保持在雇员净工资的 50%（雇员和雇主各自 25%），1997 年以来下调至 40%（雇员和雇主各自 20%），到 2000 年 4 月，缴费率又升为 33%。同时，新加坡根据会员（雇员）年龄层次的不同，规定了不同的缴费率。

新加坡的法律规定，不同年龄的会员其缴费率也是不同的。以 45 ～ 50 岁的雇员为例，其缴费率雇员是 20%，雇主是 14.5%，总计为 34.5%。目前，我国社保缴费水平已经很高，如果再加上住房公积金和企业年金，负担就更大了，仅职工部分就已经超过了 20%。所以，从长期看，国家应对低收入群体承担起一定的责任，给予一定的补贴，在其公共支出中划出一小部分比例，并广泛采取财政和金融、政府与市场、转移支付与政策优惠、现金与实物、显性补贴与隐性补贴相混合的方法。

二、西方各国养老保险缴费争议法律救济制度对我国的借鉴

（一）司法救济和行政救济相辅相成

养老保险缴费争议救济不能仅仅局限于行政或者司法的单一救济途径，而应该相互衔接、互为补充。任何一种救济都不应是孤立存在的，在争议解决过程中，更多地依赖行政强制力作用的同时应将司法救济作为权利救济的最后一道屏障，而司法机关在立法理念的指引和法律法规支持下开展工作的同时也离不开行政机关的配合。所以，两者应相互衔接、密切联系，从而使两者相辅相成，以更好地保障当事人的合法权益。

（二）提升养老保险司法救济的专业性

养老保险是一项专业性较强、技术性较高且政策性强的事务，因此鉴于养

老保险缴费争议法律关系的特殊性，西方各国均通过设立专门的纠纷处理机构来解决养老保险争议。借鉴到我国司法实务中，可以考虑在法院系统内部建立专司社会保障诉讼案件的法庭。

（三）设置一定比例的非专职法官职位

西方国家诸如德国，其社会法院组成人员中设置了一定比例的非专职法官职位，进一步提高了案件审理的专业性和准确性。非专职法官负责对拟判的案件结果进行审阅，并针对判决结果提出法律意见之后，判决结果方可下达。非专职法官设置制度不仅保证了司法的权威性和准确性，也更好地保障了当事人的权益。

（四）特别程序的适用

与传统意义上解决平等主体间纠纷的程序（如民事诉讼程序）和非平等主体间纠纷程序（如行政诉讼程序）不同，养老保险缴费争议在处理解决时尤其需要注重便捷与效率原则，即可以通过如简易程序等特别程序设置，来提升争议解决的效率，进而促进社会公平。

（五）改自愿缴费参保为强制缴费参保

《关于开展新型农村社会养老保险试点的指导意见》规定："政府主导和农民自愿相结合，引导农村居民普遍参保。"这一规定给农民提供了自由选择是否参保的权利，但不符合汇聚风险、降低风险、互助互济的社会保险大数法则和风险共担原理，违反了社会保险的强制性原则。社会保险是一个缴费型制度，一般而言，缴费型社会保障制度把追求制度的财务平衡放在制度设计的首位，把扩大覆盖面作为一个重要制度目标，是否实现最大的覆盖面既是保险制度公平与否的一个重要指标，也是汇聚风险、降低风险的社会保险管理机制大数法则的内在要求。风险理论认为，风险是"实际结果和预期结果的相对差异"。通过风险管理，风险就不再仅仅和损失相联系，它也可以带来收益，即当风险是相互独立的时候，汇聚安排可以抑制风险。社会保障中的社会养老保险和商业养老保险都是通过社会的力量利用大数法则的原理来管理风险的工具。它们将家庭内部的养老风险通过汇聚安排，形成可以预测和控制的风险池，然后再在空间、时间和人群三个维度将风险分散到整个社会，完成单个家庭所无法实现的风险管理职能，以最低的社会成本获得最大化的风险管理效率。当然，这要求社会养老保险管理机构和商业养老保险公司聚拢的风险单位要足够多，能够满足大数法则要求，风险才逐渐变得能够预测和控制。风险单位越多，越能保证收支平衡，其经营越稳定，而当被保障的人群被分割成若干个彼此独立的群体或风险单位数量不足的时候，保险的功能将被大大压缩。故扩大参保覆盖面及整合参保群体单位是社会养老保险和商业养老保险的必然要求。就社会养老保险而言，扩大覆盖面和制度的财务可持续性二者是相辅相成、互为条件的，只有扩大覆盖面，才能增加制度收入，提高支付能力；只有社保基金盈余才能谈得上提高待遇水平，形成良性循环，实现制度的“双赢”。

农村社会养老保险制度作为一种准公共产品，必然会遭遇搭便车或供给不足等问题。“新农保”自愿缴费的参保规定无法避免农民参保决策的“短视”与“搭便车”行为。我国农村新型社会养老保险制度自愿缴费参保的制度安排导致制度施行过程中出现 45 岁以下农村劳动力人口参保意愿低、参保率低、选择低缴费档次比例高的“逆向选择”现象，与自愿参保的制度规定不无关系，可能导致制度无法随参保人数的扩大和风险发生率的降低而实现良性循环的高效率管理态势。“新农保”的基本原则是“保基本、广覆盖、有弹性、可持续”。要实现“新农保”全覆盖，强制参保是最优的办法，即通过国家立法强制农民参加新型农村社会养老保险制度。

综观国外农村社会养老保险制度建设实践，强制符合参保条件的农村劳动力人口为其将来养老生活缴费投保是众多经济发达国家普遍的制度原则。它不但可以减少农民对社会养老保险短视行为和逆选择的道德风险，提高制度的覆盖率，而且有助于社会保险风险池的形成和制度的有效运行。在国家提供基础养老金的前提条件下强制公民参加社会保险是政府主要责任之一，也是“权利与义务相一致”原则对公民履行法律义务的正当要求。基于现今我国大多数农村人口具有参保缴费能力的状况下，我们应借鉴国外农村社会养老保险制度强制性参保经验，通过立法规定农村劳动力人口参加社会养老保险的义务，将我国现行的农村社会养老保险制度的自愿参保原则改为强制性参保规定，防止农民缴费选择的非理性，提高农民的参保比例及保障制度对社会养老风险的化解能力。

为减少低收入者对参保的抵制，我们可借鉴英国基本国家养老金为年收入低于 9000 英镑达不到参加国家收入关联养老金计划或私人养老金计划资格的低收入者实行统一缴费率和统一给付率，退休后获得两倍于国家收入关联养老金计划养老金数额的参保方式；也可借鉴德国农民年金规定的年收入低于一定标准的农场主可以领取缴费补贴的经验举措，并辅之以我国新疆呼图壁县曾试行的养老金账户质押贷款举措，允许农村社会养老保险参保者盘活个人账户养老金，从自己的养老金账户贷款，以解决农户生产或家庭消费急需。农民养老金账户质押贷款很好地实现了农户养老储蓄的同时保持了养老账户资金的有效流动性，将农民的短期投资项目和长期养老计划很好地结合起来，有效解决了农民生产投资或家庭消费急需的融资顾虑，能减少低收入者对参保的抵制。或者借鉴加拿大自愿性完全基金积累模式的农民年金计划对农民的养老储蓄存款额设定上限并给予配套政府补贴的经验，有效激励我国农村劳动力人口积极参加农村社会养老保险制度。与此同时，对于因经济等原因不具备缴费参保能力的农民，国家要建立相应的减免制度，由政府承担缴费责任。

（六）改革"多缴多补"缴费激励机制

《关于开展新型农村养老保险试点的指导意见》规定，"参保人自主选择档次缴费，多缴多得""对选择较高档次标准缴费的，可给予适当鼓励"，但"新农保"却没有多缴多得具体制度内容的设计，目前"新农保"存在养老金待遇水平偏低等制度设计层面的缺陷。

新型农村社会养老保险制度"多缴多补"的缴费激励机制及自愿参保原则导致制度实施过程中产生"利益转移"（低收入农村居民的部分利益向农村高收入投保居民转移）问题。为了增强激励效应，"新农保"规定县财政按核定的个人缴费进行补贴，个人每年缴费100元，政府财政对个人账户补贴30元，对于选择较高缴费档次的农民，政府财政适当给予补贴鼓励，这就造成缴费参保者的养老金收益因"多缴多得"的制度政策而出现多寡"分层"现象，地方财政收入更多地流向农村高收入群体。另外，"新农保"自愿参保的制度原则使不参保的农村劳动人口成为"体制外边缘人群"而损失地方财政补贴的养老金利益及养老金投资的可能收益。"新农保"制度的这些设计很大程度上损害了农村低收入参保群体和农村未参保劳动力群体的利益。应借鉴国外做法，设置缴费最高上限和低收入缴费补贴机制。对于低收入农民，英国由财政予以补助缴纳保费的经验可以借鉴，中国低收入农民可在1%～8%之间选择缴费比例，其余的部分由集体补足。

（七）建立与地方财政收入水平相匹配的指数补贴机制

我国现行农村社会养老保险制度规定，年满60岁农村居民的养老金由基础养老金和个人账户养老金两部分构成，未参保者的养老金仅有由中央政府财政支付的55元/月/人的基础养老金。这种与缴费与否无关联，对农民进行补贴的基础养老金使参保者和未参保者的政府财政补贴仅仅是个人账户30元左右定额的年补贴差别，这对于一个按照最低档次每年100元缴费参保的农民来讲，缴费满15年而获得政府财政个人账户补贴合计仅为450元。如此低的财政补贴水平既不足以激励农村居民积极参保，也不利于保障水平的提高，更不利于克服地方政府财政补贴责任缺位或不到位问题。且国家若征收大量自愿小额参保费，则其管理、投资等交易成本可能会很高，影响制度运行效率。对于参保农民个人账户的补贴应采取与地方财政收入水平相匹配的指数补贴机制，即以全国地方财政收入的平均数为基数 1，地方人均财政收入与全国人均地方财政收入比为地方财政对农民参保个人账户的补贴系数。该系数如果大于 1 则表明该地区财政对农民个人账户的补贴金额应高于全国平均水平，如果系数小于 1 则表明该地区财政对农民个人账户的补贴金额至少应等于全国平均水平。

（八）设立不同群体类型土地换保障的农地流转制度

社会养老保险制度无论是采取现收现付制、完全积累制，还是部分积累制，维持制度长期平衡的物质基础在于人口的增长和劳动生产率的提高。在当前人口结构状况确定的情况下，提高我国农地的劳动生产率，增加农民的收入是制度可持续平衡运行的关键。任何制度都不是孤立的，而农民养老保障问题是一个涉及国家工业化、城镇化、农业产业政策的综合性问题。如德国的农民养老保险计划，就结合了当时实现农场所有者和经营者年轻化、知识化、效率化的经济结构调整的政策；日本的农业者年金制度配合了推进城市化发展的离农政策及促进农业生产的返农政策。为实现农地规模化集约经营，提高农地使用效益，增加农民农业收入，我国政府应借鉴德国、日本等国经验将农村社会养老保险制度的构建与中国农业现代化发展政策相结合，制定农村土地流转等多项农业政策，促进新型农村养老保险制度的不断发展与完善。

中国农村与国外农村最大的区别在于，国外绝大多数国家的农地归属农民私有，而中国农地为集体所有。中国农民是通过联产承包责任制方式拥有国家给予的土地使用权而获得土地保障。但这种所有权仍然为集体持有的农地使用权具有较大的内在不稳定性，从而减少了农地合理回报率的投资途径，使土地保障的效能产生了“虚化”的现象。

我国农村劳动力人口分为从事农业生产的农民，以务农为主、务工为辅的农村劳动力人口，以务工为主、务农为辅的农民工等几大类型，这给我国农村社会养老保险制度的构建带来了一定的复杂性。为促进农村劳动力的转移，促进农业产业结构调整及城镇化建设，现阶段我国农村社会养老制度建设应根据农民不同类别特点，分别实行不同类型的社会养老保险制度，并坚持土地换保障的制度设计思路，改革土地承包经营权，鼓励农民通过转让、租赁、售卖农地经营权获取养老保障补偿金以提高老年生活保障水平。纯粹从事农业生产的农民和以务农为主、务工为辅的农村劳动力人口，应参保目前正在施行的新型农村社会养老制度，按“新农保”的规定缴费养老，当其达到养老金领取年龄时则须将农地经营权交由家庭成员继承并由继承人支付其一定的养老津贴，或将农地经营权售卖给国家以获得提高其老年生活保障水平的养老补偿金。对在城镇有稳定职业、固定收入和住所的农村劳动力人口（稳定农民工），应以其农地经营权上交国家由国家给予其相应养老缴费补偿金为先决条件，将他们纳入城镇居民养老保险制度，其养老保险的缴费及待遇给付与城镇居民相同；若其不愿意将农地经营权上交国家，则将其纳入“新农保”制度。将流动性大、无稳定职业、无固定收入和住所的农村劳动力人口（流动农民工）纳入新型农村社会养老保险制度，个人账户资金积累采取灵活缴费方式，也可通过上交农地经营权方式折算进入城镇居民养老保险制度，且其个人账户可随跨地区流动而转移，允许他们在城乡养老保险制度之间进行自由转换。

中国农村社会养老保险制度建设要充分发挥政府的作用与“三农政策”紧密联系。要与农村的金融支持、政府对农业生产技术与基础建设的财政投入、政府对农村的税收支持以及农村土地制度改革完善的政策思维相统一，只有在提高了农民的生产能力和收入水平、保证了农民对土地保障制度的稳定预期、加强了农民收入和自我保障能力的情况下，政府的非缴费型养老金支持才可相应降低。

第三节　完善中国家庭养老金柔性缴费制度的路径选择

个人账户的缴费是养老保险资金的主要来源。个人账户缴费率的高低将直接影响参保者退休前后的生活水平，因此在设置个人账户缴费率的时候，不仅要保障参保对象退休以后的生活质量，还要考虑其工作期的经济承受能力。养老保险个人账户的缴费实际上是个人生命周期内的转移支付，因而有必要根据生命周期不同的收入阶段情况，确定各时期合理的缴费水平，实现生命周期效用的最大化。中国现在实行统一的养老保险个人账户缴费率（8%），忽视了不同行业和个人不同年龄段的收入差异。这种刚性的缴费制度弱化了个人不同收入时期的再分配，影响了中低收入人群的消费能力，不利于启动国内市场的经济转型。构建和完善我国养老金的柔性缴费制度不仅可以提高参保者生命周期的消费效用，鼓励其参保的积极性，而且可以完善养老保险的再分配功能，促进我国社会保障制度的健康发展。

一、养老保险个人柔性缴费制度的设计

（一）养老保险柔性缴费制度的构建

现行养老保险个人刚性缴费制度忽视了我国当前国民收入分配不均的事实，尤其是低收入人群缴费能力不足的现状。为此，可以分两步来构建柔性缴费率模型。第一步，根据个人收入由高到低分成若干组，以最低工资标准视为参保者的基本生活费用开支，参保者的收入扣除最低工资标准后的余额作为剩余支付能力，根据剩余支付能力，来设置不同收入组的个人账户缴费比例。第二步，再根据家庭负担人口情况，适当调整个人账户缴费率。

1. 养老保险缴费基数的设定

（1）现行养老保险缴费基数

现行的养老保险个人账户缴费是以上年度个人月平均工资为缴费基数，并规定缴费基数的下限为上年全市职工平均工资的 60%，上限为全市职工平均工资的 300%。这项规定旨在确保养老金个人账户的资金来源。但是上下限仅相差 5 倍的规定显然对我国现在收入差距过大的现实估计不足。我国现在的基尼系数已经接近 0.50，高收入与低收入之间差距远远不止 5 倍。2010 年 9 月 10 日，国民经济研究所所长樊纲在“2010 高峰论坛”上表示，我国国民收入差距会越来越大。这种收入差距拉大的趋势将会持续很长时间，至少在将来 5 ～ 10 年内不会逆转。这表明，在设计养老保险缴费制度时我们必须面对高低收入差距过大的严峻事实。当前忽视收入差异统一的缴费制度对于低收入家庭并不合理。

低收入人群承担的实际缴费率比政策规定的 8% 缴费率提高了将近 1 倍，如果在最低收入中再扣除医疗保险和失业保险等费用，并考虑每个就业人员的平均赡养数，则实际人均剩余可支配收入可能要低于政府规定的最低生活保障的标准。就是说，按现行的缴费标准，这些家庭的生活质量将难以保证。这种低收入人群反而承担相对较高缴费比例的规定是现行的缴费制度不公正之处，需要予以纠正。为此，我们建议：废除现行按照平均收入计算缴费基数下限的设定，低收入的人群按其实际收入作为缴费基数；当期收入低于最低工资标准的参保者可以免交当期的基本（最低）养老保险金，以确保其基本的生活质量。参保者的收入提高以后，需要先行补交前期免缴的养老保险金额。在退休时尚未完全补齐基本养老保险金的个人账户缺额，可以由国家财政给予一定补贴，以体现社会养老保障的再分配功能。

养老保险缴费上限的标准也应当根据我国收入高低分布的情况加以调整，

在收入差距较大时，也需要适度提高缴费上限。鉴于我国居民收入总体还是偏低的现状，实际上大部分中产阶层的相对收入虽然较高，但是绝对收入水平并不离谱，因而暂时不建议大幅度调整缴费上限。

（2）养老保险分段缴费基数的确定

我们在设置养老保险分段缴费基数时，废除了原来养老保险缴费基数的下限，在最低工资标准线和社会平均工资的340%之间，对缴费基数进行了细分，并划分了若干个缴费基数段。

在实际操作过程中，要求有关部门根据当地上年度最低工资和社会平均工资，适时调整缴费基数段。因为缴费基数关系到职工的缴费水平和缴费额度的高低，只有及时地对数据进行更新，才能保证养老保险缴费基数与当前职工收入和消费水平保持一致。同时养老保险缴费基数修正，是完善养老保险缴费制度的重要组成部分。

2. 养老保险柔性缴费率的设定

（1）养老保险柔性缴费率的设计

统一的个人账户缴费比例掩盖了低收入者缴费能力不足的事实。以社会的人均可支配收入与人均消费支出考量个人缴费能力，事实上由于高收入者的收入和消费水平均较高，从而一定程度上，拉高了低收入者的收入与消费水平，使低收入者“被平均化”。

现行的养老保险缴费制度规定个人缴费比例为8%，即不分收入的高低，参保者统一按缴费基数的8%缴纳到个人账户。针对这种不考虑收入高低的刚性缴费制度弊端，建议构建柔性的缴费制度，根据个人收入和家庭负担的情况，分档设定不同的缴费率是这个制度的核心。为了体现缴费制度的公平与公正，以中低收入者为基准，基本保持现有的费率，对于高收入的参保者适当提高缴费率，低收入的参保者适当减低缴费率。在此基础上，对于家庭赡养人口较多，负担较重的家庭缴费率再进行微调。

（2）不同收入组养老保险缴费率的设定

职工的养老保险缴费能力涉及最低工资标准（最低消费水平）、实际收入和家庭负担人口数。为了简便测算不同收入组的养老保险个人缴费比例，首先将个人收入按高低分为若干组，在各组的平均收入中扣除最低消费水平，来测算各收入组家庭剩余支付养老金的能力，在此基础上，再设定相应的缴费比例。然后根据家庭负担人口的数量，适度调整职工的养老保险缴费比例。

在设置养老保险缴费率时，以中低收入组为分水岭，中低收入组的个人缴费比例保持不变，根据不同收入组的剩余支付能力，设置不同的个人账户缴费率。

最低收入组的剩余支付能力为零，因而缴费率为零，即最低工资线以下的人群可以免缴当期的养老保险费用。

以中低收入组为基准，其收入区间为3000元～5000元，中位数约4000元，接近平均工资水平，该组的缴费率设定为8%（保持原来的缴费标准不变）。

其余各组根据平均剩余支付能力，每变动1000元/月，缴费率相应调整1个百分比。例如，低收入组的平均剩余支付能力比中低收入组低了1940元/月，缴费率可以比中低收入组酌情减少2%，即低收入组的缴费率可以设定为6%。同样，中收入组的缴费率酌情提高2%，即中收入组的缴费率调整为10%。

为了保障各群体的利益平衡，缴费率的调整拟采取渐进式改革，调整的幅度不宜超过3%。因此，中高收入组和高收入组的缴费率从原来的8%调高为11%。

提高高收入人群的缴费率以后，为了保护参保者的权益，激励高收入群体的缴费积极性，应当完善个人账户的管理，提高个人账户余额的投资收益率，至少要高于通货膨胀率，达到保值升值的效果。

（3）基于家庭负担轻重调整缴费率的方案设计

即使相同的收入，由于家庭赡养人口的差异，职工对消费负担和支付能力也有很大的影响。尤其是青年人在工作初期，工资较低，又有较重的生儿育女和赡养老人的负担，其家庭剩余可支配收入较少。

现行的养老金个人账户缴费是统一的缴费率（8%），没有考虑到个人的家庭因素。生命周期内工作初期的个人，由于家庭人口较多，而家庭就业人口较少，家庭可支配收入较少，导致个人负担比较重，家庭的生活压力较大。如果不考虑家庭因素，工作初期的职工为了缴纳养老金，必须减少一部分的家庭消费，使工作初期的职工家庭生活压力更大，同时挫伤参保者的积极性。为此建议根据家庭负担对缴费率进行适当调整。

赡养人口的核定：家庭中不足18岁或者超过60岁无收入来源的成员计算为赡养人口。就读大学或研究生的子女可以酌情放宽年限，超生子女不计在内。家庭中的赡养人口由全部就业人员平均分摊，如无任何收入的老年夫妇（没有退休金和社会养老保险金）依靠3个子女抚养，则每个子女负担1/3。

补充规定：当子女年龄超过18岁或者赡养的老人过世以后，参保者的家庭负担减轻，应当逐年补缴前期减免的缴费。

因此，在养老金个人缴费制度上，应该综合考虑不同工作期的个人家庭因素，改变统一的个人账户缴费率标准，在保障职工最低生活消费水平的基础上，按照人均剩余可支配收入和家庭负担情况设置个人账户缴费率。

总之，上述的规定既可以拉平个人在生命周期中不同时期家庭负担的波动，提高个人生命周期的消费总效用，又可以保持社会养老基金的总量平衡。

3. 企业缴费方案的调整

养老保险柔性缴费制度对低于最低工资线下的职工，规定可以免缴当期养老保险，即低收入者的个人账户当期个人缴费为零。为了保证低收入者的权益，充分发挥社会成员之间的互济互惠作用，应当对企业的缴费制度进行适度调整。

例如，上海市规定单位缴纳养老保险费为职工工资总额的22%，其中3%记入个人账户，19%纳入社会统筹账户。为了完善柔性缴费制度，单位缴纳的统筹账户缴费比例不变。企业以上年度企业职工平均工资的3%划入所有职工的个人账户。

（二）养老保险柔性缴费设计方案的评价

设计养老保险柔性缴费制度的初衷是降低低收入人群的缴费压力，提高低收入人群的消费能力，增加社会的消费总量，从而促进经济增长。以上从养老保险的缴费基数和缴费率两个角度，构建出了柔性的养老保险缴费制度。为了验证柔性缴费制度的有效性，主要从低收入者的缴费压力和消费角度对养老保险柔性缴费方案设计进行评价。

1. 减轻了低收入者的缴费压力

现行的养老保险个人账户缴费率（8%）已经超过了低收入人群的可承受能力范围。过高的养老保险缴费率将增加低收入人群的缴费压力，抑制其消费能力，造成低收入人群丧失参保的积极性，影响到社会保障覆盖面的扩大。为了改变目前我国养老保险缴费制度的缺陷，我们提出了构建柔性的养老缴费制度，即对低收入人群设计了较低的个人账户缴费率，减轻其缴费压力。

低收入家庭由于赡养人口较多、收入低、家庭生活开支较大、人均剩余可支配收入较少、养老保险缴费压力较大。

举例来说，改革前，最低收入组和低收入组均需要缴纳171.2元的养老金；改革后，最低收入组不需要缴纳养老金，相对于改革前少缴了171.2元（占收入的15.3%）；低收入组只需缴纳67.2元的养老金，相对于改革前少缴了104元（占收入5%）。改革后的最低收入组和低收入组的养老保险缴费率相对于改革前有所降低。

由于低收入者家庭赡养系数较高，且边际消费倾向较高，其养老保险缴费减少的部分（15.3% 和 5%）将可能用于家庭的基本生活开支。在一定程度上，柔性的养老保险缴费制度减轻了家庭生活负担，保障了低收入者的生活尊严不受损害，提高了后期收入增加时养老保险缴费的积极性。

2. 提高了社会消费总量

（1）统一的个人账户缴费率对生命周期消费的影响

根据生命周期消费理论和边际消费倾向递减理论，我们可以得知在生命周期的低收入阶段，个人的边际消费倾向较高；在生命周期的高收入阶段，个人的边际消费倾向较低。这样的消费结构分布并没有实现一生的消费效用最优化，致使生命周期的消费结构存在帕累托改进。不分收入高低的养老保险统一个人缴费率加剧了个人整个生命周期消费倾向分布不平衡的弊端，进一步扭曲了个人的消费结构。

现行的养老保险制度中个人账户缴费制度与实现福利最大化的柔性个人账户缴费制度相比存在不足。例如，上海市现行养老保险缴费制度规定，个人需按工资比例的 8% 用于养老保险个人账户缴费。低收入者适度性的个人账户缴费率为 4%，比现行的个人缴费比例低了一半，说明现行的缴费制度影响到低收入者的消费和福利水平的提高。为了能够验证统一的个人账户缴费率对中低收入者消费水平存在挤占的现象，同时体现柔性缴费率的优越性，我们对此进行简单的论证。

（2）柔性的个人账户缴费率对社会消费的影响

为了便于测算养老保险柔性缴费率和统一缴费率分别对消费的影响，假设职工缴纳养老保险后的人均剩余可支配收入全部用于消费，不存在储蓄行为，从而得到了职工的最大消费水平。

在保证不同收入阶段职工当前最低消费水平的基础上，不同收入阶段的职工承受能力是不同的。采用养老保险个人柔性缴费制度后，将改变职工生命周期内不同收入阶段的边际消费倾向，即低收入者的消费能力将得以提高，在满足家庭日常消费基础上，寻求生活质量的提高；高收入者的多缴费解决了退休后的消费资金需求，同时刺激了当前消费水平的提高。

从个人生命周期角度分析，柔性的养老保险缴费优化了生命周期不同收入阶段的消费效用，提高了整个生命周期的总效用，实现了个人效用最人性化的目标；从整个社会角度分析，柔性的养老保险缴费提高了低收入人群的消费能力，实现了社会成员之间的互济，从而提高了整个社会福利，实现了整个社会效用最大化的目标。

（三）构建养老保险柔性缴费制度的意义

鉴于现行的个人账户对于不同收入人群一律采用统一缴费率，对于职工的低收入阶段（低收入人群）有失公平，同时不能很好地调动职工各个阶段多缴费的积极性和消费欲望。通过实行柔性的养老保险缴费率，可以提高中低收入者的消费水平，调动不同收入者的缴费积极性，完善养老保险缴费制度。

养老保险个人柔性缴费制度建立的前提条件是提高居民在初次分配和再分配中的比重，尤其是提高中低收入人群的收入水平，同时尽快做实个人账户。

养老保险柔性缴费制度，实行的是“低收入，低缴费率；高收入，高缴费率”。这样有利于保证低收入阶段的养老保险缴费不挤占个人消费，同时也满足了高收入者“多缴费，多收益”的意愿。这样有利于吸引广大低收入人群参加社会保险制度，调动低收入人群和流动人口参保的积极性，同时也体现社会的公平和公正。

总之，养老保险柔性缴费制度的构建，相对于统一的个人账户缴费制度是帕累托改进。在微观上，保障职工的最低消费水平，尤其是低收入者的最低消费水平，缓解中低收入者的缴费压力，优化生命周期的收入与消费结构；在宏观上，完善我国的养老保险制度体系，落实“限高、促中、提低”的收入分配政策。

二、完善养老保险柔性缴费制度的政策选择

（一）建立动态的缴费基数与缴费比例协调机制

养老保险柔性缴费基数段在最低工资线和社会平均工资 340% 之间进行划分，而最低工资线和社会平均工资每年都处于不断的变动过程中。同时，养老保险柔性缴费率是根据参保者剩余支付能力（实际收入扣除最低工资）进行设置的，而这些影响缴费基数和缴费率的因素每年都处于变化中，需要及时地进行更新。

对于不同的缴费基数，设置不同的个人账户缴费率。即对于低收入者，缴费基数较低，设置的缴费比例应该较低；对于高收入者，缴费基数较高，应该设置较高的缴费比例。如何根据不同缴费基数，设置合理的个人账户缴费率，是我们在设计时需要考虑的。同时随着收入的增长，缴费基数和缴费比例应该

建立动态的协调机制，缴费比例随着缴费基数的变动，而适时地进行调整，以适应不同收入职工的经济承受能力。

（二）解决个人账户两极分化的财政补贴政策

养老保险柔性缴费制度规定，个人根据实际工资水平对应不同缴费基数段的缴费比例缴纳养老保险。对于那些工资收入低于最低工资线的职工，可以免除当前缴费，但随着其收入的增加，并达到最低工资线以上时，再根据职工的支付能力，在缴纳当前养老保险以后，酌情补缴前期的欠费，以弥补前期个人账户缴费的缺口。假如职工在退休前仍然没有完全填补个人账户资金缺口，则由国家财政给予一定的资金扶持，国家可以不定期地把部分中央财政资金划入其账户，或者直接对其实际收入与最低工资线的差额部分进行补贴。这样在未来的个人账户积累上，便可适度缩小两极分化，同时也保证了生命周期内的养老基金数额不减少。

新加坡的个人账户赠款制度值得我国学习和借鉴，让弱势群体分享到国家经济发展成果，这样更符合社会保障制度兼顾公平的初衷。

（三）逐步做实个人账户

中国的老龄人口目前以每年800万人的规模增加，老龄化的高峰已经到来，老龄化的加剧更为养老保险的收支平衡带来新的压力。个人账户基金的积累，用于职工个人未来养老。但在实际运行中，由于养老保险社会统筹账户没有资金积累，而退休人员越来越多，为了确保养老金当期发放，不得不动用本应留作积累的个人账户基金。

为应对人口老龄化高峰的到来，必须未雨绸缪，通过逐步做实个人账户，及早进行基金准备，以承接老龄化高峰时养老金支付的压力，实现养老保险制度的可持续发展。做实个人账户也是构建养老保险柔性缴费制度的基础，只有在解决了养老保险转制成本和养老基金缺口的基础上，才能更好利用柔性缴费，来释放当期的消费能力。

（四）扩大养老基金投资范畴

引入个人账户的初衷在于减轻公共财政的负担，并保证每个人只为自己存钱养老，从而可以激励个人的缴费积极性。但如果个人账户是空账，或者个人账户的投资收益率低于个人期望的投资收益率，则其可能自己管理收入，而不信任政府的养老保险体系，这时相对高收入阶段的职工，就会产生逃避参与养老保险的动机。当个人账户的投资收益率低于工资增长率时，个人账户实质变成一种额外的个人税负而不是一种储蓄。

我国当前实行统一的个人账户缴费率，高收入者多缴费的积极性并不高，其主要原因在于个人账户的投资收益率过低。为了有效地提高个人账户投资收益率，必须对个人账户基金实行多元化投资，扩大投资范畴和提高投资专业户水平，保证投资收益率高于居民消费价格指数。在个人账户基金的投资工具上，不能局限于银行存款和国债，而应该扩展到公司债券、公司股票、证券投资基金等；在投资策略上，积极投资与消极投资相互补充，合理分配；在投资类别上，应该多元化，投资对象既可以是金融资产，也可以是实物资产；在投资范围上，既可以是国内市场，也可以是国际市场。2010年中国社会科学院美国研究所所长郑秉文提出应该迅速启动社保基金投资体制的改革，在产业领域中划出一块特区，非常重大的投资项目，可以让社保基金和养老保险基金独家进入，给它一个特权，个人账户基金应该战胜社会平均工资增长率，统筹基金起码不低于通货膨胀率。

（五）改革个人收入分配机制

我国初次分配中，不同行业人员的工资相差很大，不同人群之间的收入差距很大，基尼系数接近红色警戒线0.5。收入差距大，影响到个人的缴费能力，尤其是低收入人群的缴费能力。

设立高收入行业的工资增长控制线，使其工资增长率低于全国平均工资增长率，有效控制高收入人群收入增长速度。尤其要完善垄断行业工资总额和工资水平的双重调控政策。严格规范国有企业、金融机构经营管理人员，特别是高级管理人员的收入监管办法。

对低收入人群进行保护，完善最低工资制度。最低工资制度是市场经济国家普遍采用的收入分配政策，其目的就是保障收入初次分配的公平，不仅让劳动者及其家庭满足基本生活需求，还要让劳动者适当分享经济发展成果，保障分配的公平与经济的效率，维护社会的稳定和谐。在我国，目前还没有全国性的最低工资法，仅有部分地方政府推出了最低工资标准，而且各地区还存在较大差异。

我国劳动力资源非常丰富，特别是一些劳动密集型行业，劳动力一直处于供过于求的状态。如果仅凭市场机制调节，工人待遇将长期得不到保障，因此需要政府通过建立最低工资法进行强制干预，这是保障工人工资稳定增长的最有效手段。

所以，要尽快出台全国性的最低工资法，并且建立最低工资标准的动态调整机制，最低工资应该随着企业效益的增长和当地生活水平的提高而定期调整。建立最低工资标准与物价联动机制则是低收入劳动者抵御物价上涨的法宝。为保持最低工资实际购买能力，名义最低工资水平必须随居民消费价格指数的变化而调整。考虑到最低工资标准的变化必须有利于改善劳动者的生活水平，最低工资的增长速度应快于居民生活费用价格的上涨幅度。因此，要定期（比如每半年）对最低工资进行评价和调整，对最低工资提高幅度做一个客观的评估，使最低工资建立在科学合理的基础上。

（六）建立个人缴费的激励机制

参加养老保险对于职工个人来说就是一种投资，有投资就应有回报，多投资就应多回报。在强制养老保险缴费的同时，应该继续人性化的做法，在制定政策时，尽量考虑到职工的心理需求，制订有效的激励机制和奖励措施。对高缴费的人员实行优待政策，鼓励他们多缴费，实现“要我保”到“我要保”的心理转变，才能不断壮大养老保险基金，促进养老保险事业的可持续发展。如对 30 岁以前参加养老保险的，可以适当降低缴费比例，对 30 周岁以上才参保的员工，参保时间越晚缴费比例越高，可以采取每推迟 5 岁参保的，缴费比例要增加 1 个百分点。鼓励就业人员早参保、多缴费，同时通过减免部分个人所得税提供一部分奖励，或者对于选择缴费基数高于社会平均工资的参保人员，可以设立奖励账户给予奖励。在缴费的时候，将高于社会平均工资的部分拿出一部分直接划入补充养老保险账户，到退休的时候，一次性发放给参保人。或者在保持现有统账结合模式下，可以通过参保人在一定范围内自由选择养老保险个人账户缴费率来最大限度地降低改革成本。

通过一定形式的激励因素调动职工个人缴费的积极性。个人缴费有很多好处，它有利于转变观念，提高职工的社会保险意识，强化自我保障能力，克服单纯依赖国家养老的观念；它有利于调动个人积极性，实行个人缴费与养老待遇挂钩，体现权利与义务相一致，能促进职工勤奋工作，既为社会多做贡献，又为个人积累更多的养老金。

（七）减轻企业税赋

企业缴费是支撑基本养老保险制度的重要经济基础，但现在的企业缴费率偏高，损害了企业的竞争力。我国企业的缴费率 20%，远远高于国际平均水平 10%。2008 年全球性的金融危机，对我国企业造成很大影响，使企业不堪社会保险缴费重负的情况更加雪上加霜。企业缴费负担过重不但使产品成本大幅提高，降低企业竞争力，同时降低企业缴费积极性，导致企业逃费、欠费现象严重。

考虑到企业目前的缴费压力，为了鼓励企业积极缴纳养老保险费，政府应该通过一定的税收优惠政策，减轻企业税赋，提高其养老保险缴费能力。对按时足额缴纳养老保险的企业，应该给予一定的奖励，提高其缴费积极性。同时，在三方缴费机制中，调整目前责任分配不均的现象，扭转企业缴费压力较大的局面，让企业合理承担缴费责任。

第四章　中国家庭养老金个人退休账户管理研究

个人退休账户，这一相关概念在我国提出已有多年，但一直没得到发展。所谓个人退休账户，是一种个人自愿投资性退休账户。个人退休账户具有税收优惠的特征，即允许个人在税前往该账户内存入限定额度的资金，并且获取的利息或投资收益也享受免税的政策，直到退休后提取资金时才缴纳相应的税费。在我国所提及的个人退休账户也是指个人养老层面的一部分，属于养老第三支柱中的一种模式。但是，我国的个人退休账户与美国个人退休账户还是有一定区别的。我国个人退休账户是指以税惠型养老保险为核心的个人养老计划。

第一节　我国个人退休账户的初步探索

对于我国个人退休账户的发展，还停留在试点探索和理论研究阶段，主要的实践研究也就是个税递延型（简称税延型）养老保险的试点探索，这也引起了社会各界的关注，主要是因为其税收优惠的特点，不仅能减少参保者的税收压力，同时也能提高人们参与个人退休账户制度的积极性，减少第一支柱和第二支柱的养老压力。近年来，我国为实施税延型养老保险先后进行了一些尝试，但都未取得实质性进展。国务院 2008 年颁布《国务院办公厅关于当前金融促进经济发展的若干意见》中，提出“商业养老保险中，对个人购买商业养老保险的投保人可以实施个税递延型税式优惠”。天津滨海新区随即展开了个税递延商业养老保险的试点，但该试点因在个税递延养老保险领取阶段税率制定方面掌握不当，国税局叫停了该试点。2013 年，个税递延型养老保险计划在上海进行试点，多家保险公司和政府共同制定相关政策，但仍旧没有出台。

一、天津个税递延型养老保险的概况

2008 年 6 月 20 日，银保监会（银行保险监督管理委员会，简称银保监会）出台了《天津滨海新区补充养老保险试点实施细则》，对天津个税递延型养老保险的产品管理、经营管理、信息披露和税收政策等方面做出了详细的规定。

主要内容包括：第一，对于参保人员规定享受税收优惠的投保人和被保险人须为同一人，避免了投保人通过为他人购买此养老保险来避税；第二，个人购买补充养老保险的，以保险公司出具的首续期发票作为享受税收优惠的凭据；第三，对于缴费率规定个税递延型养老保险的缴费率最高为个人税前工资的30%以内；第四，对于退出机制规定，个人申请退保的，保险公司应将退保情况报送税务部门，由个人到税务部门自行补税，保险公司收到税务部门的补税凭证之后才可以支付退保金。

天津滨海新区有关个税递延型养老保险税收优惠制度的设计一直是社会各界关注的热点，但是被国家税务总局"叫停"。被叫停的最主要原因是税收优惠比例不合理。缴费率最高为个人税前工资的30%，税收优惠力度太大，以至于政府承担的财政压力太重。另外，由于其制度设计也不够完善，政府相关部门协调不畅，也是天津个税递延型养老保险试点被叫停的原因。

二、上海个税递延型养老保险的探索

自天津开始个税递延型养老保险试点以来，上海政府及相关部门做出了积极的研究和探讨。2009年，上海市保监局还组织多家保险公司成立了试点工作专项小组，共同研究上海个税递延型养老保险试点的实施细则。但是到目前，其试点方案一直没有得到审批。

上海市政府及保险公司对个税递延型养老保险试点方案规定的内容主要有以下几个方面。第一，对于税收优惠方式的制定。上海试点对个税递延型养老保险的税收方式采取EET模式。第二，关于缴费额度的规定。规定700元为每人每月缴费的限额。第三，关于参保人员范围的规定。上海市试点方案规定对于有意向投保个税递延型养老保险的公民，可以通过向企业申请，由企业统一购买此类保险产品，限定了该试点的适用人群。

上海市个税递延型养老保险的方案在2012年6月由上海市政府递交到了财政部，但是一直未得到财政部门的审批，原因主要有两个方面：一是天津试点被叫停，政府对个税递延型养老保险的推行更加谨慎；二是一些地方政府和财税部门还存在执法不规范等问题，参保者的公平性问题未得到解决。

三、我国个人退休账户探索效果不佳的原因

天津滨海新区尝试的中止以及上海试点方案的"悬而未决"使得我国实行个人退休账户制度难上加难。并且，至今也没有出台相关的政策来推动个税递延型养老保险的发展。为此，笔者对天津滨海和上海试点状况进行分析，总结

出我国个人退休账户探索效果不佳的原因，主要包括以下几个方面。

（一）公平性问题难以解决

一个政策的实施，其公平性主要通过广大群众是否能平等享受这一政策带来的福利来实现。但是，目前来说个税递延养老保险政策很难解决公平性问题。对于个税递延养老保险的公平性，可以从两个方面讨论。一是险种本身设置的公平性，即是否社会不同人群享有的待遇或者面临的风险达到公平。而我国个税递延型养老保险方案虽然为全国推行，但是其征税的模式是EET模式，也即享受税前缴费，延迟缴纳税费。这种征税模式并没有覆盖到那些收入达不到征税起点的人群，我国目前的个税起征点是5000元，只有月收入高于5000元的人群能享受到此项税收优惠政策，而月收入低于5000元的人群呢？他们将不能享受该待遇，反而让个税递延型养老保险这一政策成为高收入人群减少缴税的方式。二是保险保障水平的公平程度，即在已享有个税递延型养老保险的人群中，是否存在基本保障水平的较大差距。无论个税递延型养老保险这一政策何时正式推广，对于那些收入水平达到个税起征点的人群来说也是不公平的，尤其是已经参加工作多年即将退休的员工，他们的利益将受到损失。因为，对于这部分群体来说，参加个税递延型养老保险越晚，所享受到的税收优惠政策时间就越短，并且会导致个人养老基金积累较少，达不到老年生活的标准。

（二）消费者认知度不高

在我国养老产业第二支柱、第三支柱的发展中，消费者的认知度是主要的影响因素。目前，广大消费者的养老观念仍然停留在家庭养老和基本养老保险的层次，过于依赖家庭和政府养老。对于个人层面的养老计划认知度不高，这也是我国个人退休账户制度试点效果不佳的重大原因。当前，我国商业养老保险虽然发展迅速，但是与其他寿险业务相比较，其占比的规模相对较小，保费收入的增长幅度也低于其他人身险业务，专业的养老保险公司的业务也仅仅停留在政府的养老保险以及部分企业年金和职业年金方面。这说明个人养老计划空间虽然很大，但是人们对其重视程度仍然不够，这与政府以及保险公司的宣传力度也有很大关系。

（三）税收优惠力度难以掌握

关于我国个税递延养老保险的探索，未成功的一项重大原因是税收优惠力度难以把握。我国对个税递延养老保险的征税模式定位是税前列支，短时间内对财政税收有一定的影响，而国外一些发达国家个人养老金计划虽然发展完善，但是其税收制度与我国还是有很大的差别，其国情也与我国不完全相同。我国的所得税体系中，主要是工资、薪金所得税。在目前的税收征缴体系下，最有动力参加个人养老保险的个人是正式工薪、薪金领取者。税收优惠力度如果制定标准过高的话，必然会对政府的财政收入造成冲击。所以，税收优惠力度要以我国各省市的具体情况为依据进行制定。根据目前天津、上海的探索，税收优惠力度虽然根据地方城市情况制定，但是仍然难以把握。

（四）政府部门之间缺乏协作

个税递延养老保险政策推广不力的一大因素是因为相关部门之间的协调工作不到位，缺乏配合。发展个税递延型养老保险涉及各个领域，包括保险公司、税务部门、社会保障局，以及银保监会等监管部门等，推行该政策也要求各个部门相互协调、相互合作。但是，目前政府部门仍然缺少相关实施细则，导致部门之间协作不畅。一项政策的推动力不仅来自政府，也来自市场、个人，以及其他团体组织。现行的税延型个人养老保险没有在社会上形成舆论的支持和群体的关注，没有形成社会整体对这个制度的政策支持，其政策的推动力不足。另外，试点一直没有相应政策出台的很大一部分原因是相关法律制度不健全。发展伊始整个流程存在多方面问题加之相关法律不健全，各部门过于谨慎，很大程度上限制了保险公司业务开展。

（五）产品模式单一

从国外的个人养老金计划发展的模式来看，大多制度设计都是较为灵活的。各国在政府规定的范围内，不同种类的金融机构都可以参与到这个计划中去。但是，我国个人退休账户制度的探索仅仅是保险公司的保险产品，模式较单一。从完善养老第三支柱角度来看，将个人退休账户的模式定位于契约型产品，其实是限制了今后对个人养老计划的探索。同时其他金融机构的参与度较低，市场推动力小，也在很大程度上制约了个人退休账户制度的发展。

第二节　我国基本养老保险个人账户基金投资运营模式的构建

一、我国基本养老保险个人账户基金投资运营的原则

（一）安全性原则

个人账户基金是养老保险基金，是参保人未来养老的保障，因此在个人账户基金的投资运营过程中，基金的安全是首位的。个人账户基金的安全性首先

是基金在投资到期时能按时足额收回，不会导致基金亏空损失。主要包括基金财务的安全，防止被政府、经办机构、投资管理人等随意挪用、侵占，导致基金的巨大亏损。其次是价值安全，基金的投资运营既要面临资本市场的各种风险，又要应对通货膨胀可能导致的基金贬值，所以基金在投资运营过程中要注重对投资风险的防范，又要保证基金投资运营的收益，实现基金保值增值。

（二）收益性原则

个人账户基金投资运营的目的就是实现基金的收益，保障个人账户基金在未来的支付过程中应有的或更高的支付水平。近年来，由于通货膨胀的影响，个人账户基金投资于安全性较高的固定收益类投资工具，但收益率低，资金处于贬值的状况。个人账户基金进行市场化投资运营的目的是通过多元化的投资运营实现基金的收益，最终实现基金保值增值。同时，基金的收益性并不是单指本期当期的收益，更是指未来长期的收益性。通过投资运营的收益，在未来的支付中，享受更高的支付水平，提高养老金的替代率。

（三）长期性原则

个人账户基金采用完全积累制，从缴费，到投资运营，再到未来支付都具有长期性的特点，并且未来的给付期可以预测，因此个人账户基金对流动性要求比社会统筹基金的要求要低。个人账户基金的投资运营中应注重长期的投资策略，同时也要有灵活性，根据市场变化，优化和调整基金投资组合，规避风险，实现收益最大化。

（四）多元化原则

资本市场的发展带来投资工具的增加，发达国家养老金投资的实践证明，单一的投资工具不是收益太低，就是风险较大。现代投资组合理论告诉我们，资产组合投资才是平衡收益与风险最好的工具。因此在个人账户基金投资运营的过程中要注重多元化的投资策略，“不要把所有鸡蛋放在一个篮子里”，而多元化是分散风险最好的办法。在保证基金安全性、收益性的前提下，投资的时候既要考虑传统的国债、银行存款等无风险资产，也要考虑股票、证券等风险性资产，以及实业投资等，合理构建基金的投资组合和投资比例。

二、我国基本养老保险个人账户基金法人受托投资运营模式

（一）投资管理主体选择

我国基本养老保险个人账户基金的投资运营模式已是近年来学者研究的重

要课题，在构建我国个人账户基金投资运营模式中首先要明确投资管理主体。上文通过分析私营模式、委托模式及相对集中模式对我国的适用性，在我国的个人账户基金投资运营模式的构建中要加以借鉴。基于我国现有的国情，笔者认为由相对集中的省级政府下的法人机构负责基金的投资运营模式更适合。

我国在现阶段可以建立省级“个人账户基金投资运营理事会”的法人机构负责个人账户基金的投资运营业务，基金的缴费征集和支付仍然由省级社保经办机构负责，账户缴费收入由省级政府授权社保经办机构拨入个人账户基金投资运营理事会，投资运营的收益及本金在到期后支付回社保经办机构，再由社保经办机构将个人账户基金和统筹基金一并支付给参保人。省级个人账户基金投资运营理事会唯一的目标就是实现基金投资收益最大化。其主要职责包括：负责制定并实施本省的个人账户基金投资运营策略；选择合适的基金公司作为投资管理人及资产托管人，并监督投资管理人的投资运营活动及资产托管人的资产管理；进行市场研究与风险防控；按时公布投资运营的信息与投资成果。

在个人账户基金的投资运营中，固定收益类产品可以由个人账户基金投资运营理事会直接投资，以实现基金的投资运营效率；权益类产品则可以委托专业基金公司投资管理，充分发挥金融公司的专业性优势。在各类资产的投资比例上，根据对市场的预测和判断制订投资运营的策略和比例调配，根据基金投资战略和战术策略，不断地调整完善。

在管辖权上，个人账户基金投资运营理事会由省级政府成立，接受省级政府的管理和监督。在机构设置上，个人账户基金投资运营理事会设立董事会，董事长由省级政府任命，为法人代表，下设若干理事与投资管理行政部门，负责制订章程，完善理事会的治理机构。个人账户基金的投资运营策略和投资运营成果需报本省政府和监督委员会，接受政府和个人账户基金权益人及社会的监督。

（二）参与主体与监督机构

我国基本养老保险个人账户基金的投资运营必将吸引资本市场中各类基金公司、商业银行、保险公司、信托公司的参与。个人账户基金作为社会养老保险基金的一部分，在其投资运营中的安全性是首要的。国家相关部门和理事会对申请从事个人账户基金投资运营的市场主体进行评估，业绩较好、信誉较高的公司，以及通过资格审核的金融机构可以作为投资管理人负责个人账户基金的投资运营业务，并从运营中收取佣金。取得账户保管资格的商业银行作为账户资金托管人负责保管个人账户资金，通过提取基金保管费取得收益。

同时，监督是个人账户基金投资运营中重要的环节，关系到基金运营规范与风险的防控，一个全面的监督机构是基金安全投资运营的重要保障。省级政府可以成立由财政部门、社保部门、专家学者及个人账户基金权益人组成的个人账户基金监督管理委员会对整个个人账户基金投资运营体系进行监管。该委员会主要负责监督投资策略的制定与实施过程；监督社保机构、理事会、投资管理人等各参与方的行为规范等。

（三）法人受托投资运营模式的优势分析

一是实现基金管理、投资、监督相分离，有效防止统筹账户对个人账户资金的挪用，符合我国养老保险基金管理的基本原则。目前在我国基本养老保险基金方面，政府既是管理者又是监督者，还是运营者。这种权责混淆的关系，导致基金投资管理容易受到政府的行政干预，出现挪用、占用和违规使用的现象，造成巨大的基金亏损。因此，构建基金投资运营模式的过程中必须将基金的管理、投资、监督权分离。政府社保经办机构履行行政管理权，负责基金的收缴和支付，认定审批投资管理人与账户管理人的资格及其他重大管理问题。需成立独立的监督机构全方位监督基金的投资运营过程，各司其职、分工合作，共同保证基金的投资运营。而新成立的个人账户基金投资运营理事会主要负责基金具体的投资运营工作，保障投资的稳定性、长期性及独立性。

二是投资专业化，实现投资效率。在这一模式下，无论是新成立的个人账户基金投资运营理事会还是委托运营的投资管理人，在业务上都具有专业化的特点。个人账户基金投资运营理事会业务专业，只负责基金的投资运营，通过对资本市场的预测和判定，制订投资的策略并实施。投资管理人作为资本市场的机构，在信息、投资工具、投资策略、风险控制上都具有其专业的优势，通过委托其投资运营，充分发挥其专业优势，在基金投资中实现最小化风险，最大化收益。在固定收益类资产上个人账户基金投资运营理事会可以自行投资，节约成本。专业化的业务和投资管理人可以在基金的投资运营中实现投资的效率。

三是扩大投资范围，发挥资本市场的优势。我国养老保险个人账户基金，按照现行政策只能投资于银行存款和国债，投资渠道有限，不能够满足基金保值增值的要求。新构建的模式采用市场化的投资运营，突破限制，扩大基金的投资范围和渠道，个人账户基金将可以通过固定收益类资产、权益类资产以及实业类资产的有效配置，实现基金的收益。养老金与资本市场有着紧密的联系，两者的发展相辅相成。省级统筹运营的个人账户基金具有长期性、稳定性、规模性等特点，个人账户基金进入资本市场可以为资本市场的发展和完善注入持久的驱动力，推动资本市场产品的服务和创新。同时资本市场的不断完善、金融产品不断创新和监督制度不断加强也有利于个人账户基金发展。

四是打破投资限制，激励各省市投资运营积极性。面对个人账户基金在银行存款和国债收益率低，通货膨胀增长迅速的形势，各省市都在积极探索适合的个人账户基金多元化的投资渠道。在养老保险基金省级统筹下，养老基金贬值越多，省级政府需要承担的社会养老责任越大。为了保障基金的保值增值，广东省已经委托全国社会保障基金理事会运营管理1000亿的基金结余。放开各省在个人账户基金投资运营的政策限制，同时赋予其投资运营自主性，可以充分调动各省市推动个人账户基金投资运营的积极性，最终实现个人账户基金的保值增值。

三、我国基本养老保险个人账户基金投资工具与资产配置策略

（一）投资工具

我国基本养老保险个人账户基金要开展有效的投资运营，对投资工具的选择是投资的基础。投资中应该在投资原则和目标的指导下，根据我国目前市场的实际情况，选择适当的投资工具，在固定收益和权益类资产间进行有效的资产配置组合，并注重投资的长期性、灵活性，从而实现相对较低风险下的高收益。

1. 银行存款

银行存款具有较强的流动性，一般被认为是无风险资产。银行存款在养老基金投资中占据十分重要的地位。我国一直把银行存款作为养老保险基金投资的重要工具，但收益率较低。如果从长期看，考虑到通货膨胀因素，投资于银行存款的实际收益率还可能是负值。

2. 债券

国债、金融债券、企业债券是养老金投资的重要工具，国债是由国家发行的债券，金融债券是银行或其他金融机构发行的债券，企业债券是信用较好的公司发行的债券。在信用度上，国债信用度最高风险最小，利率略高于同等期限的定期存款，目前在很多国家国债已成为最受养老保险基金青睐的投资方式。企业债券信用度比国债低，但是利率高一些；金融债券信用度和收益在国债和企业债券之间。

3. 股票

股票是个人账户基金重要的投资工具。持有股票可以凭借股票参加股票发行企业的利润分配，即股利分红，也可以通过买卖的方式有偿转让，收回投资并从中获取收益。股票是养老金进入资本市场投资运营重要的投资工具，但其风险较高，各国在养老金投资股票比例上都有严格的限制。

4. 证券投资基金

证券投资基金有着集合投资、分散风险、专业理财等特点，从而使其在收益的稳定性、资产的流动性、交易成本及风险水平等方面具有优势，非常适合养老基金的投资选择，但也具有风险。

5. 实业投资

实业投资又称为产业投资，是将货币收入转化为产业资本，以实现长期的收益。个人账户基金可以投资于两类实业项目，以获得在未来一个较长时期内稳定增长的投资收益。一是对未来具有巨大发展前景的产业和行业进行投资；二是对社会效益明显的国家基础建设项目、重点建设项目进行投资。我国社会保障基金投资我国的铁路项目，新加坡公积金通过投资本国的基础项目获得良好的收益，同时实现了社会效益。

6. 海外投资

海外投资将拥有的货币资本或产业资本，通过跨国投资和运营，以实现价值增值。近年来，随着发达国家金融产品的日益丰富，以及在海外投资的成本不断降低，海外投资已成为一种趋势。个人账户基金开展海外投资，可以在更广阔的空间范围内实现多样化投资以增强其分散风险的能力。世界各国的养老金经过政府的批准后通过投资海外市场，以期获得更好的投资收益。

7. 其他投资工具

除了以上投资工具，个人账户基金的市场投资工具还有股权投资、期货投资、房地产投资、外汇投资等。个人账户基金可以随着资本市场的发展，选择合适的投资工具进行投资。

（二）资产配置策略

根据对我国现行养老保险基金投资运营管理的政策及投资现状的分析，现阶段我国养老保险基金的投资中，银行存款和国债占很大比例，甚至有的只能投资于银行存款和国债。而在未来我国基本养老保险个人账户基金的投资方向应向多元化发展，企业债券、金融债券、股票、证券投资基金、海外投资、实业投资都是个人账户基金重要的投资方向。资产配置是个人账户基金在各类资产之间的合理配置，通过将不同类别的资产进行合理的配置组合，改善投资的收益和风险，以实现较高的收益。资产配置策略基于不同的经济理论有多种配置方式，主要有战略资产配置与战术资产配置、积极资产配置和消极资产配置、动态资产配置、资产配置再平衡等，实施何种策略需要基金管理主体根据市场和投资机构的投资风格确定。

战略资产配置是着眼于长期投资制订的资产配置计划，通常是 5 ～ 10 年，通过预测资产的长期收益和可能面临的长期风险关系，构建最优的资产配置组合。个人账户基金具有长期的积累性，在资产的投资上应着眼于长期的资产配置策略，省级个人账户基金投资运营理事会在制定基金配置策略时应根据基金长期性的特点实施战略性的资产配置。如需要长期投资的实业项目，中长期的国债等，合理分配投资比例。相对于个人账户基金投资运营理事会的战略资产配置，作为受托运营个人账户基金权益类资产的投资管理人在资产的配置上则应选择更注重灵活性的战术资产配置。资本市场风险瞬息万变，投资管理人需要更主动地对资本市场短期趋势进行判断，通过调整策略，利用市场的机会获得超额收益。

积极资产配置是采用积极主动的方式进行资产配置，通过分析宏观经济和资本市场的变化，对资产的收益和风险进行预测，调整各项资产的投资比例和投资期限。采用积极资产配置策略的投资者认为市场是非有效的，积极的策略可以获得超额收益。我国的资本市场还不完善，在个人账户基金的投资运营中，还需要采用积极的资产配置策略，积极寻找市场机会，通过股票和时机的选择来实现较好的回报。消极资产配置是指采取消极被动的态度进行资产配置，在整个投资过程中，无论宏观经济和资产市场如何变化都保持各类资产既定的投资比例，不主动进行调整。消极资产配置策略投资者采用消极的投资策略是认为市场是有效的。指数化投资是这种策略的代表。

我国个人账户基金在市场的投资运营中，需要个人账户基金投资运营理事会和投资管理人在投资中通过对资本市场的分析，制定有效的资产配置策略，实现投资收益。

在个人账户基金的投资资产配置中，首先，坚持投资工具的多样化，既要有银行存款、国债等传统投资工具，又要注重股票、证券基金等权益类工具选择。其次，积极投资和消极投资相互补充，合理配置。消极的投资主要指指数化投资，指数化投资具有管理成本低，收益率接近市场指数等优点，个人账户基金在投资中应灵活运用。最后，选择投资资产类别多元化。新加坡的经验告诉我们个人账户基金的投资可以兼顾社会效益，个人账户基金不仅可以投资金融类资产，也可以通过投资国家重点项目获得长期的收益，同时也可以投资于国外市场。

第三节 我国基本养老保险个人账户基金投资运营的风险及防范

在资本市场，有投资就有风险。我国基本养老保险个人账户基金在投资运营过程中不可避免地面临各种非系统性风险和系统性风险，要注意识别，加强防控。

一、非系统性风险

非系统性风险包括流动性风险、操作风险和委托代理风险。

流动性风险指经济主体由于金融资产流动性的不确定性变动，遭受经济损失的可能性。流动性风险通常以资产流动性风险和资金流动性风险两种形式存在。资产流动性风险可以通过设定产品止损上限来控制和分散。资金流动性风险则可以通过妥善规划现金流的使用加以控制。

操作风险指内部程序、人员和系统的不完备或失效，或由于外部事件造成损失的风险。操作风险可以通过完善内部控制制度、落实操作风险管理责任制、加强人员管理等措施加以控制。由于我国基金业还处于发展的初期阶段，自身不规范的问题将可能会给个人账户基金的投资运营带来风险，个人账户基金投资运营理事会与投资管理人要完善自身的制度建设，加强内部管理加以控制。

委托代理风险指在委托代理关系中，由于委托代理双方之间的信息不对称和激励机制的不合理，代理人有可能会产生道德风险和逆向选择，导致委托人利益受损的可能性。对于基金投资中的委托代理风险，首先表现为委托人事前无法准确掌握作为代理人的投资管理人真实经营能力；其次代理人对投资风险及市场状况的掌握远优于委托人，由于信息的不对称，委托人对投资管理机构管理者的投资决策无从控制；最后是对代理人的激励问题，代理人的收益是通过对委托基金投资运营收益等费用提取而来的，新构建的模式存在委托代理关系，如何设计一个良好的激励约束机制是委托投资管理中一个重要环节。

二、系统性风险

系统性风险包括市场风险、通货膨胀风险、政策风险和法律风险。

市场风险指由于市场金融工具价格变动所引起的损失。市场风险包括利率风险、汇率风险、股票价格和商品价格风险。利率风险是利率变动对收益或资本所产生的风险。个人账户基金投资的存款、债权、股票、年金及其他各种资产都会面临利率风险。汇率风险是在涉外经济活动中，因外汇汇率的变动，使资产价值发生不确定性改变，从而遭受经济损失的可能性。当个人账户基金投资于海外市场时，除了要承担资本市场上的其他风险，还可能面临汇率风险。股票价格和商品价格风险是在一定时期内由于市场供求不平衡引起的股票、基金和其他商品市场价格下跌造成养老基金投资损失的可能性。一般来说，市场风险是由于经济周期造成的。在2008年金融危机的冲击中，世界各国的经济都受到了重创，我国社会保障基金在这次经济危机中也遭受重大损失。

通货膨胀风险，指由于通货膨胀，使得基金经过长期积累后其实际购买力下降的不确定性。通货膨胀会使现存资产的实际收益下降，通货膨胀率越高，资产实际收益率越低，当通货膨胀率高于资产名义收益率时，资产实际收益率即为负数，资产的实际购买力下降了。不同资产的通货膨胀影响程度是不同的，通货膨胀对货币资产的影响较大，而对不动产和实物资产的影响则较小。由于个人账户基金以货币形式为主，并且具有长期性，通货膨胀对其具有很大的威胁性。个人账户基金进入市场化投资运营一个重要的目标就是要实现高于市场通货膨胀率的收益率，以实现其保值增值。

政策风险指由于有关政府政策和行为的变化而造成的投资收益可能的变化。一般来说，处于经济转轨时期的国家，其资本市场的政策风险要高于其他稳定国家。我国社会主义市场经济30年来得到了良好的发展，但还存在不足，政府对资本市场的影响较大，个人账户基金在市场投资运营中还是要加强对国家宏观政策的了解。

法律风险指法律、法规在制定、实施、调整的过程中出现的不确定性而造成与预见情况相比资产价值下降或者负债增加的可能性。目前我国个人账户基金投资所面临的法律风险还十分严峻，我国有关个人账户基金投资运营管理的法律法规体系还处于逐步建立与完善之中，法律制定和废止及个人账户基金运营机构的经营管理都可能产生法律风险。

三、健全风险防范机制

（一）建立市场准入和退出机制

市场准入制度是为维护行业的安全与稳定，对要进入的企业进行资格审查评估，以确保其具有经营的资格和能力。这不仅包括评估操作制度、法律框架，还包括最低资本的要求和适当的检验，其目标是允许最好的申请者进入，限制未来代理风险和制度风险。个人账户基金的投资运营必将吸引众多资本市场的主体参与。个人账户基金作为社会养老保险基金的一部分，能否参与其投资运营，要有严格的资格准入审查制度。国家相关部门和个人账户基金投资运营理事会对申请从事个人账户基金投资运营的基金公司进行评估，业绩较好、信誉较高的公司通过认定，取得经营个人账户基金投资运营资格的基金公司作为投资管理人负责个人账户基金的投资运营，并从运营中提取投资交易的佣金。取得账户保管资格的商业银行作为账户基金托管人负责保管个人账户基金，其收益是通过提取基金保管费。在这方面可以参照我国企业年金管理机构资格的认定办法，参与运营的企业需经过人力资源和社会保障部的评估认定，取得投资运营资格后方可从事企业年金基金管理事务。在建立严格准入制度的同时，也要建立退出机制。资本市场的竞争是异常激烈的，优胜劣汰。任何一个市场主体进入资本市场，都面临市场竞争、市场风险及投资策略失误，在投资业绩上受到影响。在对市场准入加强审核的同时，基金的投资运营过程中也要注意投资机构的投资行为和业绩，在其投资出现状况的时候适当引用退出机制，防止基金的投资运营处于危险之中，也保证整个行业的健康发展。

（二）建立风险补偿机制

个人账户基金作为一种社保保障基金，它的安全和收益关系重大，而当前中国养老金基金投资刚刚起步，我国有必要建立个人账户基金投资的风险补偿机制，在个人账户基金投资出现损失时降低风险。个人账户基金的投资可以参考国际经验，建立风险补偿机制。一是可以通过提出相应的盈余准备金或自有资产、受托资产建立风险准备金，在个人账户基金投资发生损失时发挥作用；二是建立商业再保险制度，采用市场化的办法，要求受托人购买商业保险公司的责任险，以补偿受托人在投资运营中可能发生的风险。

四、完善我国基本养老保险个人账户基金投资运营模式的措施

（一）健全个人账户基金投资运营的法律法规

完善的法制是基本养老保险个人账户基金投资运营良性发展的基本保证，我国在个人账户基金的投资中，必须建立健全个人账户基金法律法规，将基金投资运营纳入法律监管下，使其有法可依。我国在2010年已经颁布了《社会保险法》，在企业年金、全国社会保障基金的投资运营中制定了专门的法律规范，但是针对基本养老保险个人账户基金投资运营的法规还未出台。我们要立足实

际，借鉴国外个人账户基金立法经验，全面审视我国现行的社会保障法规、制度体系，进一步完善我国的个人账户基金投资运营管理办法，明确各方的权责、准入机制、投资范围、投资的限制、监管的措施等，制定具有实际操作性个人账户基金的投资管理规则，规范个人账户基金的投资运营。

（二）加强个人账户基金投资运营监管

我国还是一个发展中国家，虽然近年来资本市场发展迅速，但是由于资本市场发展时间不长，资本市场不完全性问题突出。在当前个人账户基金投资运营中，基金监管是一项极为复杂的系统工程，既受宏观经济环境、金融市场发展的影响，又受到管理制度、法律条件、管理人行为的制约，很难通过单一的监管体系就可以保证基金监管的有效性。因此，我国应立足于国情，综合借鉴国际上社保基金投资监管的经验，从基金长期发展、安全收益的角度出发，既要注重个人账户基金自身监管体系的构建，又要促进社会保险基金管理机构和相关部门的协调合作，逐步探索出适合我国国情的社保基金投资监管体系，整合目前我国对养老金多头监管的模式，建立由政府财政、社保机构、专家学者、参保人联合的个人账户基金监督管理委员会，专职负责个人账户基金的投资监督。

在个人账户基金的监管规则上，国际上有审慎人规则和数量限制规则，以保护基金的安全和控制投资风险。目前在养老金的投资上，多数国家采用数量限制规则，或是两种规则混合使用，我国的企业年金和全国社会保障基金也有数量的限制，特别是针对股票等风险类资产，其投资的比例受到严格限制。而国外学者的研究也有人认为审慎人规则优于养老基金的数量限制，英、美等发达国家在制度上较为完善，多采用审慎人规则。但是在我国资本市场还不完善的情况下，在制定个人账户基金的投资监管制度上，严格数量的限制还是我国个人账户基金进入资本市场投资运营的首要规则。

信息披露规则是社保基金监管最重要的组成部分。信息披露包括资产评估及变化情况，收益、成本、资本及准备金水平等方面的重要信息，建立严格的信息披露制度，及时向社会保障管理机构和社会公众披露投资有关信息，有利于提高基金投资运营的透明度。同时将基金管理公司的状况置于专业监管机构和社会公众的双重监督之下，接受监管机构的审查，从而有效防止其违规操作，损害基金权益人的利益，减少因信息不完全或虚假错误导致的风险和损失。

（三）设计科学的激励机制

一个科学的约束激励机制，在协调基金投资运营各方的利益关系中十分必要。在新构建的模式中涉及委托代理关系，要科学设计约束机制和激励机制，保证代理人不越权，同时又能保障其合理的利益，在基金的投资运营中起到激励作用，使各方在个人账户基金的投资中具有积极性，避免出现不道德行为和逆向选择的风险。智利的养老金管理公司在养老金投资运营上的收益来源于对账户管理费佣金的提取，致使养老金管理公司的盈利机制主要面向会员，而不是外部的投资市场。我国《企业年金办法》规定，托管人提取的管理费不高于托管企业年金基金财产净值的 0.2%，投资管理人年度提取的管理费不高于投资管理企业年金基金财产净值的 1.2%。这些都是根据基金的规模提取管理费用，并未与基金的投资绩效挂钩。我国个人账户基金的投资运营中，需要设计一个更有效率的激励机制。一是保证个人账户基金投资运营理事会具有投资的自主权。虽然该理事会作为一个政府下的法人机构，但对其工作绩效的考核可以通过基金投资运营的收益，以绩效的激励机制保障其投资的积极性。二是对投资管理人和资产托管人的激励。使投资管理人在个人账户基金投资运营管理中获得的收益应与其投资绩效挂钩，促使投资管理人以基金收益的最大化为目标，从而使之收益与参保人的利益保持一致。

第五章 养老金市场化的政策研究

社会保障制度的施行是现代国家制度结构的重要组成部分，其重要性集中体现在社会保障制度的性质和特点会直接影响到政治、社会和经济生活等多个方面。在组成社会保障制度的众多方面中，作为社会保障最根本内容的养老保障显得尤其重要，推进养老金市场化，提高养老金的续航能力更加成了重中之重。

第一节 养老金市场化的理论概述

一、养老金制度的定义、筹资模式及特点

（一）养老金制度的定义

从政治角度而言，国家为了保证特定的公民群体在退休或者丧失劳动能力之后仍然能够保持正常的生活水平，实行养老、退休的社会福利制度，称之为养老金制度。特定的公民群体在达到一定年龄或者丧失劳动能力后，根据国家相关政策、文件的规定，依据其对社会所做出的贡献和所具备的享受养老保障资格或者退休条件，按一定期限或者一次性以货币形式支付养老金，用于保证该公民群体退休后的基本生活需要，维持其基础生活水平，做到“老有所养”，缓解公民对养老问题的顾虑和担心。该制度的设立对于社会的和谐和稳定、缓解社会贫富差距加大的矛盾具有重要的意义。

所谓的养老金制度，属于制度范畴。该制度是按照法律规定，要求劳动者以劳动时间或者货币贡献作为计量单位参与社会生活，在达到一定贡献标准或者资格后，享受应有待遇的制度体系。简要概括为加入体系、实现贡献、累积待遇、享受待遇等几个基本环节。

（二）养老金制度的筹资模式

从世界范围来看，养老金制度的筹资模式可以归纳为三种：现收现付制、

完全积累制、部分积累制。

现收现付制：预先计算出一段时期（一般计量单位为一年）内国家养老保险基金的总支出额，然后根据此额度确定雇佣单位和劳动者缴纳的费用比例，再进行征缴，用当期所得来支付当期支出的模式，让正在工作的劳动者来负担退休群体的养老责任，也称为代际转移模式。

完全积累制：将雇佣单位和劳动者按照一定比例所缴纳的养老金全部存入劳动者的个人账户，交由某一投资渠道进行投资管理，实现缴纳费用的保值增值，在劳动者退休后，将投资所得回报以年金的方式逐月向劳动者发放。

部分累积制：是现收现付制和完全积累制二者相结合，即当期所收缴的养老保险金在满足某一段时期支出需要的前提下，又保有一定储备的模式。

（三）养老金制度的特点

现收现付制的优点是具备资金调剂的功能性，可以在养老金方案的参加者之间起到一定收入再分配功能。一方面，社会统一管理养老金的现收现付模式，让正在工作的一代劳动者向退休群体支付养老费用，这就对代际间的经济资源进行了再分配；另一方面，社会统筹在缴费上的收入相关联性和支付养老金的等额性，能够在高收入群体、低收入群体、长寿退休群体和非长寿退休群体中形成一种再分配的关系，对保障社会公平、体现社会正义具有重要意义。

与社会统筹分配制度相比，个人账户制度失去了任何再分配的功能，但是，个人账户方案的施行有激励在职劳动者缴纳养老金的作用。企业和个人向个人账户进行养老金的缴纳可以在个人账户中积累起来，不但能通过市场融资渠道进行保值增值，更好地实现养老功能，还能在金融市场运营过程中，发挥资金调节功能，从而使资本市场持续长期、稳定、繁荣发展。

二、我国现行养老金制度及特点

（一）我国现行养老金制度

我国现行养老金制度主要分为社会基本养老保险、企业补充养老金和个人储蓄三个方面，作为构建我国现代养老金制度的三个基础层面。

首先是社会基本养老保险，在整个养老金制度体系中占有主导地位，是对我国城镇企业职工采取强制实行统账结合、部分积累的基本养老金制度。其保障水平比较低，覆盖面很广。养老金的计发采取“新人新制度、老人老办法、中人逐步过渡”的方式。

其次是企业补充养老金，是指企业在参加国家基本养老金制度的基础上，根据国家相关政策和本企业的实际经营状况而建立的，目的是提高职工退休后生活水平的养老保险金形式。这种形式是对国家基本养老金制度的补充，由政府政策鼓励，企业自由建立，企业单方面或者和职工双方面共同缴纳养老金，建立个人账户，并通过相关金融机构进行管理运营。目前，我国只有少数经营效益好的企业参加了此种方式的补充养老金缴纳模式，并没有形成规模。

最后是个人储蓄，是由职工个人自愿参加、自愿选择相关机构缴纳养老金的一种形式，也是一种补充形式。劳动者会根据自身的经济状况，按照规定缴纳养老金，计入银行养老保险个人账户，并按照不低于同期城乡居民储蓄存款的利率进行计息。该方式处在起步阶段，并未在我国养老金制度体系中占据应有的地位。

（二）我国现行养老金制度的特点

我国现行养老金制度是历史的选择，也是社会经济发展的必然结果。在促进公平、提高制度效率、保障社会稳定发展、防范老无所养等方面发挥了一定的作用。

我国现行“统账结合”的养老金制度实际上是现收现付制和个人累积制两种养老金制度的结合，吸取两种方式的优点，既能通过社会统筹账户实现再分配，保障退休劳动群体的基本生活，又能通过个人账户鼓励在职劳动者缴纳养老金，减轻国家、企业负担。虽然这种方式取得了一定的成绩，但是面临中国老龄化问题的实际现状、制度变更遗留的很多历史问题，新型的养老金制度还有很多重大的隐患：养老保险的覆盖面狭窄，参保率低下，制度不全面，缴费率偏高；养老保险统筹层次低；退休年龄偏低对选择的影响；制度转型造成巨大的隐性债务、养老保险金个人账户空账运转。这些特征都是由我国在经济发展时期制度转型和特殊的人口现状等原因造成的。

三、养老金市场化的理论依据

（一）养老金市场化投资资产配置理论

养老金的市场化运营过程，首先是要选择投资运营的对象，之后对所选择的投资运营对象进行适当的资产配置，将总体资产按照比例分别投资于各个对象，通过资产配置实现养老金市场化运行的多元化，以分散养老金市场化过程中可能造成的风险。资产配置理论源于1952年美国经济学教授马克维茨提出的投资组合理论。这种理论认为，不管是基础分析还是技术层面分析，不可能持续产生好处，投资运营者必须根据自己风险和收益偏好、收益特征来选择最优的投资组合。马克维茨认为，投资运营者为了取得最优的投资组合。他的决策目标应该有两点需要注意：一是尽最大可能获得最高收益；二是尽可能降低投资多带来的风险。

（二）养老金市场化投资管理理论

养老金市场化过程中的管理方式主要有两种：直接投资和间接投资。

直接投资指的是养老金参与或者设立与其直接相关的经济管理公司，对养老金市场化的监督和运行进行直接管理。通过这种方式，养老金直接参与到基金管理中去，能够保证其安全性和流动性。但是直接投资也有其弊端，由于养老金控股并且直接参与到管理中去，可能导致过多的行政干预，使养老金在市场化过程中无法完全按照市场机制运行，缺乏效率，甚至会造成腐败现象。

间接投资指的是将养老金委托给专业的金融公司进行管理运营，包括政府高度集中型、分散型和适度集中型三种运行模式。

政府高度集中型管理模式：政府通过强制手段将劳动者缴纳的养老金集中投入到中央基金，由相关政府部门直接进行运营。政府直接决定养老金的投资运营，劳动者无权参与。此模式具备管理优势，能够形成规模效应，节约管理成本，能够实现大范围转移支付。但是容易产生腐败、政治操纵，管理效率不高，收益低下，造成金融资源的浪费。

分散型管理模式：又称为“零售模式”，指养老金的缴纳人拥有各自的私人账户，缴纳人可以选择有运营资质的金融管理公司，并委托自己的账户，将养老金运作引入竞争机制，保障养老金的增值保值。此种模式保证了缴纳人的自由选择权，并能够通过竞争来提高养老金的投资收益。但是由于相关机构众多，机构管理松散，运营成本比较高，不能实现大范围的转移支付。

适度集中型管理模式：介于前两个模式之间，由政府养老金管理机构统一征收参保人缴纳的养老金，并通过公开招标的形式，选择一些具有资质的、效益良好的金融运营机构，由其进行养老金市场化运作。这种方式，既避免了集中管理带来的垄断、效益低下、腐败滋生等问题，也在一定程度上避免了管理成本高，转移支付难的情况发生。

（三）我国养老金市场化投资运营原则

养老金的市场化投资运营是关系到我国养老保险制度能否可持续发展的一项重要措施，在养老保险金市场化过程中，应在其投资运营上采取非常审慎的态度。

按照我国目前的相关规定，养老金的流通仅限于购买国债和银行存款。虽然一定程度上保障了基金的安全，但是难以实现养老金的保值增值，实际收益率还低于居民消费价格指数，处于贬值的状态。在政策制定时，最基本的是要保障养老金的绝对安全性，在这个大前提下，坚持如下几个原则。

首先是坚持市场化的原则。市场化过程中应充分发挥金融市场自我调节机制的作用，让有能力的专业投资运营机构按照市场规律进行投资运营，使养老金能够得到有效利用。

其次是坚持多元化、多渠道的投资方向。除了基本的购买国债、银行存款方式以外，政府应该选择效益有保证、升值前景良好的项目进行投资，注意规避风险。利用多元化、多渠道的投资组合分配降低风险，避免把“鸡蛋放在一个篮子里”。

再次是坚持养老金相对集中运营模式。中央政府制定总体规划、全局性投资政策，适当集中部分委托给专业金融投资机构投资运营。

最后是强化政府监管监督。养老金的投资运营方面，政府要加强监管。最终目的是要确保养老金的安全，这是养老金市场化过程中要遵循的最重要的原则，在这个大前提下，实现养老金的保值增值，提高其续航能力。

第二节 国内外推进养老金市场化政策的借鉴

一、加拿大相关政策借鉴

加拿大政府于 1996 年和省级政府联合发表声明，声明提到了十分重要的两项。第一，加拿大的养老金政策必须让未来的劳动者能够负担并且足够他们养老。这就要更多的资金积累，同时缴纳养老金的费率不能高于已经通过法律明文规定的 10.11%。第二，加拿大有关养老金政策的相关资金投资必须以保证计划参与者利益最大化为前提，同时保持投资风险和投资收益之间的平衡。这就要求设置新的管理机构来保证养老金运营的安全性。

19 世纪 90 年代初期，加拿大前财政部部长马丁以养老金计划磋商的白皮书中确立的原则作为依据，颁布了新的养老金计划法律草案。该草案规定到 2003 年，将雇佣单位和劳动者对养老金计划的总缴费率从 5.16% 提升至 9.19%。

为了对养老金市场化运营进行投资，加拿大政府设置了相关机构——加拿大养老基金投资委员会。这个机构由董事会领导，由私有的专业化金融管理机构管理。截至 20 世纪初期，该养老基金投资委员会已有约 72 亿美元投资于本地和海外的金融市场，预计到 2022 年该委员会用于投资运营的资金会达到

1300 亿美元。

20 世纪 80 年代，加拿大政府推出的许多政策都是鼓励劳动者进一步依赖私人养老金计划。到 80、90 年代，保守党和自由党政府明显改善了税收补助的条件，目的是更好地激励劳动者借助个人储蓄保障自己的养老权益。这些政策的实施适用于注册养老金计划和注册退休储蓄计划。同时，税收补助的限制也进一步公平化、灵活化。加拿大的相关政策，对于我国劳动者个人养老观念的转变，有一定的借鉴意义。

二、英国相关政策借鉴

以 1975 年颁布的《社会保险法》作为基础依据，英国政府建立起由基本养老制度和与收入相关联的附加养老金制度两部分构成的综合养老金制度。同时，《社会保险法》又规定：在满足规定中的相关条件下，如果雇佣机关提供专业养老金方案，受雇佣人员可以选择通过协议退出国家收入关联养老金计划。通过这种“协议退出”政策的运行，养老金市场化方案就成为要求政府审批规范，并且能保证最低养老金标准的计划。这种政策与国家收入关联养老金计划一起组成了英国养老金制度的第二基础。

1986 年《社会保险法》实施的个人养老金政策和让更多的职业养老金计划“协议退出”国家收入关联养老金计划，成了英国将向老年群体提供养老金的责任从政府管理部门转移给了私人运营机构的标志。政府实现了转型——从养老金的主要发放者转变成养老金运营市场的监督管理者。

21 世纪初，英国政府把关注度倾向于社会弱势群体以及相关的社会问题，协调、完善之前的政策制度。例如在 2002 年开始实施“国家第二养老保障计划”对国家收入关联养老金计划进行替换，这项政策目的是为中低等收入者、带有终身性疾病者提供更加完善、优异的补充养老金。2006 年，英国政府又建立“养老金保障基金”来加强固定收益模式下的企业养老金市场化应对金融风险能力。例如，当某企业面临破产或者养老金积累出现缺口时，其支付部分养老金的能力不会受到影响。这些政策的实施都为我国在养老金管理运营层面的转型、抵御风险能力的提高方面提供了一些借鉴和思考。

三、日本相关政策借鉴

作为一个人口密集，国土狭小的国家，日本所面临的家庭日趋核心化、空巢老人数量增多等情况，和我国的人口现状十分相似。因此在政策制度方面，有较强的借鉴意义。

（一）对养老金的投资、运营管理进行改革

日本成立了养老金经营基金协会，提高精英人才、专业人才对养老金市场化的参与度，引进市场竞争机制，逐步将养老金引向原来受到约束的资本市场。提高资金运营的安全性，设置专门的委员会，对进入资本市场的养老金实行严格的审批制度。推行国际财务会计标准制度，对经营投资情况实现透明化，接受监督。

（二）延迟养老金支付年限、扩大来源

具体政策是：把养老金的发放时间逐步延迟至65岁；将缴纳养老金的年限由25岁降低到20岁；工资、奖金一并纳入养老金缴纳的基数；扩大缴纳人群的范围，65至69岁在职职工也纳入缴纳人中。为资本市场上养老金的运营提供了稳定的来源。

（三）施行老年人看护制度

20世纪初，日本政府为了更好地解决老年人的生活、医疗问题实施了该制度，制定了相关政策。这是为了应对社会老龄化而出现的一项新的社会保障制度，强制性是其特点。其保险对象为40岁以上的公民。其内容包括对参与保险人进行基础医疗、日常护理及其他帮助等。老年看护制的实施一定程度上解决了老年人医疗、日常生活问题，已经成为社会养老保障不可或缺的一部分。

从以上这些国家所采取的措施中可以看到，不同国家在养老金改革的过程中有着共同之处。

首先，由三种支柱组成的养老金制度是大多数先进国家选择的模式。这三种支柱包括了由国家负担的基本养老金计划，由企业机构负担的职业养老金计划，以及个人养老金投资的计划。在这三个支柱中，企业机构负责的职业养老金模式，在政府公共财政紧张的状况下，具备十分重要的补充调节作用。此外，另外两个支柱产业如果要更好地发挥其作用，政府需要制定政策并给予制度的支持和严密的监管。目前养老金面临的风险日渐加大，政府能够提供的养老金是十分有限的，因此必须要动员社会力量，特别是金融机构的力量。也就是说，政府作为养老金支付的主力承担者，应该向养老金支付运营的监管者进行过渡是大多数国家的改革目标。

其次，在各国养老基金难以达到收支平衡的现实状况下，大多数国家采取了提高缴纳养老保险金的费率，延迟退休年龄，扩大缴纳养老金的人群等措施来扩大养老金的筹资渠道。但是，源于社会养老保障刚性化的特点，这种扩充

养老金来源的模式十分容易引起缴费个人的抵制，不能保证推行质量，造成潜在社会威胁。因此，现实条件下，在提高缴纳金额或延迟退休年龄方面，各国所改革的规模都是十分有限的，并且改革的周期会很长，不能短时间收效。这种方式可以在一定程度、一定阶段缓解养老金的支付压力，但其缓解压力的程度则十分有限，需要进一步进行探索和研究。

再次，成立养老金运营公司专门对养老金进行投资也是大多数国家的选择。随着现收现付制已经无法保证养老基金收支平衡，投资于资本市场用来保值增值成为自然的选择。虽然，在短时期内资本市场可能发生一定程度的波动，但是就长远来看，投资于资本市场的回报率仍是比较可观的。由于养老金具有特殊的性质，关系到民生和社会稳定，也就要求政府采取特别的监管措施。

最后，老龄化的人口结构开始体现，随着独居老人和空巢老人逐年增多，老龄人口的需求模式从以经济保障为主将逐渐转换为以服务保障为主。这个新兴产业的发展模式更需要大力动员社会和市场的能力，同时也离不开政府机构的引导和支持。政府能否科学制定计划和政策，直接影响到老年人口服务产业的发展能否适应大量老年人口增长的需求。在人口老龄化危机越来越严重的今天，这个问题显得更加重要。此外，在发展社会养老金筹集渠道的同时，政府也需要承担起弱势群体老年保障的责任。市场化的进程不可避免地带来不平等性，会产生待遇上的差距，政府有责任平衡这种差距，将保障延伸到市场无法顾及的弱势群体。

第三节　我国推进养老金市场化的政策建议

一、实现养老金市场化运营的政策目标

（一）安全性

安全性是养老金市场化运营的重要目标。养老金是保障我国公民退休后生活的重要支付手段，它担负了十分重要的社会作用。因此在养老金市场化的运营过程中，不能单纯考虑高收益，应该避免其承受风险的可能性，把风险规避作为首要考虑的因素。我国应该拓展养老金市场化投资渠道，分散其在市场化过程中所承担的风险。把安全返还作为养老金运营的首要条件，保证养老金本金、利息、投资收益能够按规定期限收回。

（二）增值性

市场化运行取得收益是养老金市场化的根本目的，也是养老金实现保值增值的重要途径，无法实现收益就不能实现保值，增值也更无从谈起，养老金的市场化过程就失去了意义。所以，养老金的市场化运营要保持一定的盈利和投资期限，至少要保证其领先于目前国家的通货膨胀率。如果养老金收益小于目前的通货膨胀率，那么实现的将会是实际资金的负增长。在施行养老金个人账户和工资相关联的劳动者个人账户制度方面，收益率要高过工资实际水平的增值也显得尤为重要。

施行积极的养老金保值增值政策能够提高养老金抵御市场经济通货膨胀造成贬值风险的能力，更有利于减轻国家财政、企业及个人的经济负担，进一步提高我国社会养老保障的水平，增强社会保障应对社会不稳定因素的能力，提升人民的生活幸福感。

（三）效益统一性

养老金属于长线资金，其稳定性很强，而个人养老金账户需要一定时期的积累才能够实现支付功能，其投资运行方向是基础设施领域，例如一些科教文卫设施的建设等社会发展类型的项目。这样的投资方向在获得投资收益的同时，还能有利于我国国民经济的发展，把经济效益和社会效益二者相统一。此外，我国在养老金市场化的投资运营过程中，也需要与政府的宏观调控政策相协调，立足长远，制定市场化政策时考虑其对国家经济形势的影响，从而促进市场化运营的规范。

二、选择适当的养老金市场化金融工具

（一）金融工具介绍

1. 银行存款

银行存款具有较强的稳定性。但是，银行存款的收益率偏低，是其一大劣势。目前就我国而言，银行存款一直是养老金市场化的主体投资方式。利息是银行存款主要的收益来源，所以利率的变动对银行存款收益有着至关重要的影响。为保持养老金运营的总体安全性，必须保证一定比例的社保基金投资于银行存款。但是，存款利率的低下，无法带来真正的运营收益，从长远看来，无法实现增值的作用，甚至还有贬值的可能性，所以要控制养老金在银行存款上的投资比例。

2. 国家公债

国家公债（简称国债）是国家发行的，以还本付息为前提的债务凭证。其作用是帮助中央政府筹集资金，本质上体现了国家信用，是一种政府债券。中央政府是发行国债的主体，所以信用度高是它的优势所在，是一种十分安全的运营工具。在收益上，国债略高于银行存款，但是银行存款的利率波动依然对其收益有影响。

3. 股票

由股份公司发给股东用来证明其投资入股的凭证称之为股票。这种金融工具可以通过红利、差价交易来获得收益。虽然其收益率较高，但是风险性大，波动性强，投机效应明显是其缺点所在。以国际经验为借鉴，很多国家在养老金市场化过程中会选择一定比例的股票作为运营工具，以保证养老金的收益性。

4. 开放式基金

开放式基金是在基金设立时，不能保证基金规模固定，会根据投资人的现实需求，随时出售基金，并能够按照投资者要求赎回的一种运行模式。这种模式不受到投资约束，变现灵活度高，相对投资风险小，对于保持养老金的流动性有积极意义。

5. 金融债券

以银行或者非银行金融机构发起的，按照相关法定程序约定到期还本付息的有价凭证，称之为金融债券。金融债券的筹资主体一般是银行或者相关金融机构，所以其实力强劲。因为筹资主体的特殊性，国家也有严格的监管制度，所以其风险相对较小，但是风险还是高于银行存款和国债。

（二）金融工具选择建议

实现养老金的保值增值，多样化金融工具的合理配置是必然要求，以实现养老金市场化投资多元化。虽然从收益率角度考虑，银行存款不是最优选择，但是能够保持养老金的安全性及流动性。所以，最基本的是保持投资过程中银行存款占有一定比例。目前，我国的金融市场发展不够完善，金融债券的投资周期短，风险性较高，但是收益性高于证券市场投资，因此可以保证一定的投资比例。证券市场的发展尚不成熟，投机行为多、风险大，因此在选择证券股票市场上的投资时，要按实际情况进行分析，实现动态运营。

我国养老金市场化在运营初期可以选择风险低，投资收益稳定的金融工具，如银行存款、国家债券、企业债券、金融债券等。对于证券市场的金融工具选择，要根据市场的现实状况来确定。随着我国金融资本市场的不断完善，运营投资渠道可以不断拓宽，在有保障的前提下选择风险低、收益高的金融衍生工具。

养老金市场化运营过程中，以风险控制和优化策略为前提，达成养老金保值增值的目标，缓解养老金现在的压力。单纯以收益率为选择指标，不加控制的投资，会使养老金市场化运营承担巨大风险。但是仅仅考虑市场化运营的安全性，保持低收益率，也会丧失养老金市场化运营的意义。

我国的相关政策制定应该引导养老金入市，采取稳步向前、循序渐进的市场化运营模式，以运营长期化、投资多元化为制定政策的导向。在养老金市场化运营的初级阶段，银行存款、国债的投资比例要严格控制，不能简单粗暴地全部选择。对于在证券市场上的运营工具选择要严格，通过设计政策制度来保障投资的稳定性和安全性。当然，伴随我国证券资本市场的不断完善进步，也应该逐步放宽政策，根据实际环境来改变资金运营分配比例，达到动态化经营，提高运营灵活度。运用适当的金融工具进行资源合理配置，通过政策上的补偿机制来规避市场风险，实现养老金市场化运营安全保值增值。

三、选择适当的养老金市场化运营模式

（一）实现养老金集中化管理

“碎片化”的经营状态是我国养老金市场化道路上的一个重要障碍，如何实现“碎片化”养老金的有效集中，是扫除这一障碍的关键问题。就目前国内的管理现状来说，集中管理升级不到位，缴纳的大部分养老金都在县市级的多个单位，也就形成了不关联的多个资金坑，形成了严重的“碎片化”模式。

稳步完善养老金的集中管理模式，是推动我国养老金市场化成功运营的重要因素之一。因为养老金的集中程度低，不能实现资金的规模化效益，难以实现运营模式的改革。目前，我国养老金实现全国范围的集中统筹，有一定难度，效率也会受到影响。并且，国家集中统筹养老金的运营模式，也无法保障资本和市场的优势互动。鉴于此，我国应该采取省级养老金市场化运营主体模式，实现养老金相对集中。这种模式会缓解我国养老金管理“碎片化”的问题，对于提高管理效率也有一定的帮助，适合我国的国情现状。

（二）实现养老金统账分离

目前，我国以基本养老保险作为基础，个人账户和社会统筹账户相结合的

运行模式作为基本养老保险制度。从本质上说，社会统筹养老金和个人养老金账户是完全不同的两个概念，性质也不同。社会统筹养老金以现收现付制作为运行模式，这一部分资金目的是保证退休劳动者养老金按时缴纳和发放，对资金积累程度要求不高，没有保值增值的特点，单纯实现支付功能。因此，社会统筹部分的养老金让社会相关的保险机构集中管理便可达到目标。

基金积累制是个人养老金账户的运行模式，目的是保障对退休劳动者养老金的支付能力。但是受到经济发展水平、通货膨胀等现状的约束，这一部分养老金面临着贬值的风险。这一部分养老金要求在保证个人养老金账户安全性、流动性的前提下，实现养老金市场化的成功运营，实现收益是管理主旨。所以，这部分养老金应该以保值增值作为运营重点。为了和社会统筹基金相区分，应该把管理运营权交给有资质、专业化程度高的部门机构。

（三）完善委托管理

国内外在养老金市场化方面的相关政策理论、实践经验都证明了，使用信托投资的模式是一种合理、科学的养老金运营模式。鉴于我国对于全国社会养老金多年的经营管理所积累的宝贵经验，我国的个人养老金账户可以使用如下运营策略。

第一，达成省级养老金集中管理的目标后，由省一级的养老金运营部门做委托人，全国社会保障基金理事会为受托人，对个人养老金账户进行投资管理。

第二，全国社会保险理事会根据自己的现实状况和要求，对资源进行考评和配置，来选择适合的金融管理机构。

第三，全国社会保险理事会依法接受社会保障部门和人力资源部门，以及省级以下相关部门的监督，负责养老金管理运营的金融机构接受全国社会保险理事会的监督和考评，以确保养老金投资过程的严格高效。

四、完善养老金市场化运营主体

（一）完善养老金市场化运营主体的重要性

个人账户所缴纳的养老金本质上是一种强制储蓄行为，其构成是个人缴纳的资金。缴纳养老金的劳动者对这部分资金享有所有权。依据经济学中的产权明晰原则以及《物权法》中规定的“权责一致”的理念，该部分养老金运营权利交由的管理运营机构，应该代表养老金缴纳人的利益。不然，这部分养老资金本质上就处于“悬空所有权”和“所有者缺位”的不利环境，更不能保证养老金市场化运营收益的提升。

（二）相关政策建议

为了促进所有者缺位问题得到解决，需要实现所有者的归位和尽责，并保证养老金市场化的运营机构在内部结构上更加完善。

养老金市场化投资运营主体的独立性要明确化，把内部的管理制度进行健全。当前，我国的事业单位在管理上缺乏灵活性，具体体现在机构设置、工资薪金制度、项目经费投资、相关人才选拔等方面。这些方面灵活性的缺乏，导致了投资运营业务跟不上市场的发展深化。

养老金市场化的运营主体需要多拓展政策建议的渠道，引入并且完善雇员代表制度和聘请相关专业管理人才参与到管理决策中来。增加养老金缴纳人在整个养老金市场化运营管理事务中的决策比例，借此来保证养老金运营的民主化、科学化，以实现管理主体的归位。

五、促进养老金市场化的政策完善

（一）运营政策建议

1. 促进资产分离

资产分离要求对受委托的养老金资金和被委托的管理运营公司的自由资金进行严格的分离。其目的是避免养老金运营管理者利用养老金来增加运营成本或者为自己谋取利益的现象发生。

在养老金市场化的过程中，我国政府可以参考企业年金的投资模式，中央政府和相关主管机关加快养老金运营机构的选择管理相关政策出台，以公开招标的形式作为渠道，来选择合适的养老金市场化运营管理者。投资机构和管理机构要保持独立，主要体现在财务和行政方面。指令的下达由投资人负责，但不能接触资金；被委托人根据指令来进行资金操作，但没有资金的调动权力。这是一种投资人和管理人之间的约束关系。投资人负责对养老金的保管和对管理人的监督，没有支配养老金的权力；管理者担负养老金市场化运营的责任，实现其保值增值，但是不能接触养老金。这样就形成了一种平衡制约的关系，通俗来讲就是“管钱不碰钱、碰钱不管钱”。这样，才能够保证我国公共养老金的资金安全。

2. 保证最低收益

市场化的运行策略能够为养老金的保值增值提供一个良好的平台，但是在经济运行过程中，经济波动、决策失误都会给养老金市场化运营带来风险。这种风险要求政府对养老金运营管理机构保证一个最低的收益率来确保养老金安全性的前提。

设置养老金市场化投资的最低收益率，本质是风险预警的一个重要指标，其目的是保证在市场化之前来解决市场化过程中的风险性问题，以确保养老金的稳定运营。目前，我国的金融市场不够成熟完善，特别是股票市场呈现波动性大的特点，所以规定了最低收益，对于风险控制相关政策的出台显得十分重要。最低收益政策的关键问题在于如何确定最低收益的比例最为合理、科学。这个指标的确定要保证养老金经营管理机构的负担不会过于沉重，又要体现养老金市场化应对风险的水平。

（二）监管政策建议

1. 审核运营机构

养老金市场化的运营机构担负着关系到民生、社会稳定的重要资产——养老金的运营。因此，严格相关运营机构的审核制度对保障养老金的安全性有十分重要的意义。通过制定相关政策来划分准入标志，进行严格审核，引入竞争机制，实现运营机构的优胜劣汰。这需要综合考虑以下几个指标，资产规模、经营业绩、财务状况、信用等级等。只有这些基础的指标通过审核，才有资格进入竞标环节。

目前，我国全国社会保障基金也出台了相关机构资格认定的规章制度，但是还需要进一步完善。应该把甄选经营机构的制度原则、操作流程更为细化，确保在审核期间的透明度和公开化，规避权力寻租的风险，保障竞标活动公平，实现良好的竞争环境。保持动态化管理，根据资本市场的发展和深化适当改进政策，放宽准入制度，保证市场充分的竞争性。

2. 实现信息公开

养老金市场化的进程中，信息及时披露是监管体系的一个重要方面。公开全面真实的信息能够把市场化运营的各个环节、各个主体更加透明化，避免暗箱操作，实现监管部门和社会公众的双重监督，防止养老金受到损失。信息公开原则，不仅是监管机构对运营机构进行审核考评的有效手段，也是养老金缴纳人知情权的重要保证。

一方面，要通过政策来确立定期报告制度和重大事件报告制度，保证养老金市场化的运营环节更加真实透明，促进社会群体和相关部门的有效监督。另一方面，需要明确养老金运营机构对信息真实度的责任，保证其披露的信息具备及时、准确、真实、完整四个特性。如果经过检查发现信息标准存在问题，养老金运营的监管部门可以采取警告、罚款的手段进行制裁。如果行为严重，监管部门有权收回其运营权并进行相关行政处罚。

3. 设置风险评估机构

对于金融市场来说，信息不对称性是造成金融投资领域风险大的一个重要因素。为了规避此类风险，风险评估相关政策的必要性凸显出来。养老金的投资人在投资过程中，因为信息的不对称性而增加了投资决定的成本。相关的专业化风险评估机构建立，可以节约收集市场信息的成本，作出高质量、高准确度的分析意见，不仅可以为养老金运营机构提供经营管理的指导，促进其运营收益提高，控制风险，又能够为监管机构对养老金市场化风险的监控提供一个良好的指标，用以规范运营机构的投资行为。

就我国目前来说，可以由相关的金融部门组织专业人员、专家组成管理组，其职能是对养老金市场化的运营进行风险评估。由社会保障部门、经营管理机构、养老金缴纳代表和受益人代表组成风险评估委员会，对经营管理机构做出的投资决定进行审查，是否符合相关的风险防控规定。对不符合规定的行为措施，进行限期更正，以保障投资的风险在可掌控范围内。

（三）配套相关政策

1. 夯实个人账户

目前我国的养老金制度转变，即从现收现付制度过渡至基金累积制度，这种过渡的成本高昂、代价大、周期长。目前，在现收现付的制度之下，当前时期退休职工养老保险金的来源，是由同期正在工作的在职职工缴纳的养老保险金支付。由此推得，当前劳动者的养老保险金支付对象就转嫁到下一代在职职工的身上。简单来说，是由下一代劳动者担负对上一代劳动者的养老金支付。所以，不论在此制度上积累了多少需要在未来进行偿还的债务，只要新一代的劳动者能够满足保险金缴纳的需求，那么总体上说，这种制度的财务指标就是平衡的。这种债务模式是有明显的时间阶段性，在当期不会体现出来，也可以叫作隐性债务。当对现收现付制度进行改革，向基金累积制度进行转变时，当前在职工作群体所缴纳的养老保险金一部分或者全部流入到个人账户，自己来累积自己的未来养老金，承担自己的支付责任，放弃对上一代退休人员的养老责任。这种过渡，不可避免地会使现收现付制度下的隐性债务转化为显性债务。处理好隐性债务的过渡，良好地消除隐性债务的负面影响，就成为我国养老金市场化面临的关键难题，也是改革成功与否的关键问题。

就目前我国现行的养老保障制度而言，个人养老金账户属于个体自我保障的范畴，当社会公共养老金达不到对上一代人的支付要求时，养老金支付的债务问题就会凸显，具体体现在制度改革的成本转化。现实生活中，政府机构采取“混账管理”的模式，这就转移了个人账户的养老资金作为消除隐性债务的成本。这种管理模式的选择，导致个人养老金账户基金累积作用的失效，提高了改革的不稳定性，束缚了改革的步伐。当前，我国又面临着老龄化的现实问题，这种空账运行的管理模式必然会进一步扩大，为养老金市场化的保值增值设置了障碍。

在改革的初期，我国就采取了“划资偿债”的模式进行偿付，在我国的一部分地区进行了试点工作，但是实际效果不够理想，做实部分的资金依然有被抽空的风险。养老金市场化的资金前提，就是做实个人养老金账户，也就要求必须实现现有偿付机制的有效转变。这就要求政府来明确自身责任，制定相关政策，加大中央财政支持力度，也要借鉴好国外相关工作的优势经验，采用多个渠道来为转移支付、制度构建筹集资金。

2. 优化运营环境

目前，我国证券金融资本市场的发展经历了20余年，投资市场的规模迅速扩大，相关的法律法规管理体系也不断健全，监管模式、政策机制不断完善。稳定的增长和良好的总体经济形式为我国的资本市场发展创造了良好的条件，有着积极的意义。这些优势都为我国养老金市场化的运营提供了一个优越的平台和稳定的发展环境。但是作为一个基础的、新兴的转轨市场，我们也要正视这个市场的不足之处，表现在以下几个方面：一是上市公司不承担分红的责任，市场的换手率过高;二是股票投资的投机性大，缺少理性分析，形成“投机氛围”；三是我国国债的流通率较低，价格制定不合理，期限结构上不够科学；四是我国的企业债权能力不足，过分单一，发展空间有限。

这些不安定的潜在因素，都给养老金市场化运营的环境造成了一定的安全威胁。化解这些威胁，提高养老金市场化运营抵御风险的能力，不但要完善养老金投资运营的内部机制，更要推动外部资本市场的有效完善，使金融资本投资市场在发展中不断完善，在完善中平稳发展。第一，要鼓励证券、资本等金融机构在控制风险的前提下，把市场作为信号导向，开展新的业务创新，满足不同的投资需求，为投资人提供更多的渠道，更优秀的金融产品和金融服务；第二，促进法制建设，加强制度构建，提高执法水平和效率，不断完善金融行业的法律法规，推进资本市场的法制化进程；第三，要深入了解资本投资市场的运行规律、体制机制，使上市公司的治理结构不断优化，采取有力措施打击黑幕交易等破坏资本市场稳定发展的不法行为；第四，要完善监管体系，培养合格的投资运营机构，支持优势公司的发展；第五，把维护投资者权益法规化、制度化，破除投机的市场氛围。

第六章　家庭理财视角下个人商业养老保险发展研究

随着医疗卫生水平的提高、生活水平的改善及健康生活方式的普及，人口的寿命逐渐延长，老龄化问题日益突出。一方面，我国 65 岁及以上老年人口无论从数量上还是比重上都呈逐年递增的趋势；另一方面，我国 65 岁及以上老年人口数量及占比始终保持较高增速。同时，伴随着老龄化社会出现的是未富先老问题，目前我国人口抚养比重逐年递增，加上由于平均预期寿命延长导致的长寿风险，我国的养老问题成为影响国计民生的大问题。我国的养老保障体系由三个层次组成，包括基本养老保险、企业补充养老保险和商业养老保险，三者并称为我国养老保障体系的“三大支柱”。而从目前我国基本养老保险和企业补充养老保险的养老金替代率与覆盖面等方面来看，这两者的发展形势不容乐观。根据以往国际经验，要想使老年人维持退休前的生活水平，退休后的养老金替代率必须大于 70% 的水平。而根据相关数据统计，目前我国基本养老保险的替代率在 40% 左右，这一数据说明我国基本养老保险根本无法为老年人提供充裕的生活保障。因此，必须加快基本养老保险之外的商业养老保险发展进程，以应对我国亟待解决的养老问题。

第一节　家庭财富管理中的养老保障概述

对个人来讲，长寿意味着人们享受晚年生活的时间延长，但是年轻时的储蓄往往不足以应对这种更长时间的生活费用开支，而且长寿会给人们带来更多医疗费用的开支。在当前我国养老保障体系还不完善、社会养老保险制度还不健全的情况下，我国的养老主要还是以家庭养老为主要形式。然而由于我国受到长期计划生育政策和国民观念转变的影响，人口出生率持续下降，家庭规模越来越小，“4—2—1”家庭模式已经成为我国家庭的主流模式。在此背景下依靠儿女养老，会使儿女面临很大的经济负担。尤其在发达城市，高额的医疗费用和生活成本使儿女的经济负担更加沉重。因此，长寿给人们带来好处的同时也带来了老龄人口可能老无所养的风险，长寿风险使老年人的养老保障具有极大的不确定性。

一、家庭财富管理概述

财富管理在西方发达国家已经有一百多年的历史，早在19世纪，很多家族型金融和理财机构便开始从事财富管理业务。而在中国，财富管理是伴随着改革开放以来的黄金发展期才逐步发展起来的。财富管理在我国从无到有，经历了由简单理财到全领域财富管理的跨越式发展历程。随着社会经济发展、国民财富增长及市场经济、金融监管、社会制度的逐步开放与完善，金融及财富管理机构对财富进行管理的能力逐渐提高，人们对财富管理的需求逐渐形成。

（一）家庭财富管理的内涵

我们对家庭财富管理做出如下界定：家庭财富管理是在充分了解自身客观情况（包括财务数据和非财务信息）的基础上，根据个人或家庭生命周期的不同，将人生的具体生活规划进行合理设计与安排，通过对自身财务资源（包括存量、增量和预期资源）全面科学管理，制定并实施合理可行的财富管理规划（包括现金规划、消费规划、投资规划、子女教育规划、保险规划、房产规划、养老规划、税收筹划及财富传承规划），从而使个人或家庭的生活目标更好得以实现，进而达到财务安全和自由的最终目标。

在此，我们有必要对家庭财富管理的内涵进行以下三个方面的强调：首先，家庭财富管理具有全面性，它与简单的投资理财有较大区别，是综合性全方位的一揽子服务；其次，家庭财富管理具有灵活性，虽然它在制定过程中存在一些规范的方法或流程，但这些并不是一成不变或标准化的，而是面向每一个人或每一户家庭所提供的个性化服务；最后，家庭财富管理具有长期性，它的各项规划是贯穿个人或家庭全部生命周期的长期管理过程，并不是针对某一阶段的规划方案，某些短期规划仅仅是其表现形式。

（二）养老规划是家庭财富管理的重要内容

从家庭财富管理的内容上来看，它包括了现金规划、消费规划、投资规划、子女教育规划、保险规划、房产规划、养老规划、税收筹划及财富传承规划等多方面内容。上述规划不仅横跨家庭生活的方方面面，而且可以涵盖到一个家庭的整个生命周期。这充分反映了较为成功的以目标为导向的财富管理策略，不同的家庭生命周期着眼于不同的理财目标，从而对应着不同的财富管理规划。值得一提的是，养老规划作为家庭财富管理的一项重要内容，自家庭形成期便提上财富管理的日程。在人口老龄化和平均预期寿命提高的宏观背景下，尽早为自己的养老生活做出规划是保证将来享受高品质有尊严的老年生活、为自己的人生画上圆满句号的重要举措。

目前我国养老主要依靠“养儿防老”、参加社会基本养老保险、个人养老及购买商业养老保险等方式。第一，“养儿防老，积谷防饥”是我国养老的传统方式，但随着家庭结构逐渐向“4—2—1”模式转变、通货膨胀带来的压力及医疗卫生消费支出的迅速增长，子女往往并没有足够的能力赡养四位老人，甚至频频出现“啃老现象”；第二，目前我国的社会基本养老保险存在覆盖广、给付水平低等特点，养老金替代率处于较低水平，仅能够向老年人提供最基本的生活费用，距理想的养老（包括物质供养、生活照料和精神慰藉）水平还有相当的差距；第三，个人养老是人们利用银行储蓄或投资金融理财产品进行养老，银行储蓄存款可以将年轻时的收入用于年老时的各项生活费用，但银行存款无法抵御通货膨胀带来的冲击和实际寿命增加时的长寿风险，而投资金融理财产品（尤其是股票或基金）可能会给家庭带来较高的收益，但是高收益往往伴随着高风险，在资本市场和金融市场体系尚不健全的我国，运用理财产品进行养老并不是最好的选择；第四，商业养老保险（尤其是商业年金保险）是由保险公司提供的专门用于养老的保险产品，本质上是利用市场化手段进行老年风险管理的生存保险，其产品所具有的长期储蓄性同样可以将人一生的收入在时间上实现跨越式消费和使用，创新型养老产品附加一定的投资功能，可以有效抵御通货膨胀带来的负面影响，而年金化的商业年金保险（尤其是终身年金）更有利于应对个人长寿风险。

（三）充分的老年生活保障是家庭财富管理的目标之一

根据层次的不同，可将家庭财富管理目标划分为终极目标、总体目标和具体目标。家庭财富管理的终极目标即如何有效配置一个家庭的财富，逐步满足家庭不同层次、不同阶段的需求。家庭财富管理的总体目标可以归结为实现财富安全与追求财富自由，财富安全主要关注收入的稳定可观性、住房条件的舒适性、现金储备的充足性、投资规模的得当性、所配置人身及财产保险的适当性、所面临风险的可控性及所享有社会保障和额外养老保障的充足性等一系列问题，而财富自由是指家庭成员从工作中得以解放，享受更宽广的行动自由，家庭的各项收入可以完全覆盖家庭的所有支出，并且各项需求的实现都具有可靠充分的经济保障。根据家庭财富管理的各项规划，可以总结出家庭财富管理的具体目标包括必要的资产流动性、适度的消费支出、较高的教育期望、完备的风险保障、稳定的投资收益、合理的纳税安排、充分的老年生活保障和稳妥的财富传承。

相比其他家庭财富管理目标，充分的老年生活保障有着其他目标所不具有的特殊性。原因如下：一是平均预期寿命的提高使老年退休生活时间大幅延长；二是人口老龄化问题日益突出；三是通货膨胀因素带来的压力不容忽视；四是医疗卫生消费支出迅速增长；五是家庭结构的转变迫使传统养老方式无法顺利进行；六是社会基本养老保险的低替代率；七是对养老生活如果规划不足将无法事后补救。将上述因素综合起来看，提前规划养老使人们在老年时能够保证高品质的晚年生活显得尤为重要。如果在微观上个人或家庭解决不好养老问题，在宏观上我国将无法有效应对老龄化社会带来的冲击。

充分的老年生活保障包括基本生活保障、医疗卫生费用支出和其他费用支出。基本生活保障即保障老年人基本生活方面的费用支出，医疗卫生费用支出用于满足人们年老时患病或治疗慢性疾病等情况下的需求，而其他费用支出是指老年人更高层次需求方面的支出，如长期护理费用、旅游费用等。另外，通过经验分析，当前我国社会普遍存在“啃老”现象，财产较为宽裕的老年人会在经济上适当对正处于事业发展期的子女伸以援手，如子女的婚嫁、购房购车计划，甚至对于孙辈的教育规划，老年人都会加以考虑。而且受到传统观念的影响，老年人往往会给自己的子女留下一笔遗产，这些均被纳入其他费用支出的范围内。

二、商业养老保险的相关理论研究

（一）商业养老保险的概念

从广义上来讲，凡是具有养老保障功能的保险均可以称为养老保险。目前我国养老保障体系具有三大层次，即政府提供的基本养老保险、企业与个人共同缴费的企业年金及利用市场化手段进行老年风险管理的商业养老保险。狭义的商业养老保险即退休金保险或个人养老年金保险，是以获取养老金为目的的长期人寿保险，也是年金保险的一种特殊形式，在社会养老保障体系中处于重要的补充地位。具体来说，商业养老保险是指投保人在缴纳了一定的保险费后，被保险人在到达一定年龄或保险期届满时开始领取养老金，从而保证被保险人在退休之后虽然收入下降，但仍然可以保持退休前的生活水平。所以本质上商业养老保险是利用市场化手段进行老年风险管理的生存保险。

（二）商业养老保险的分类及特点

第一，根据投保方式或购买主体的不同进行划分，商业养老保险可分为个人商业养老保险与团体商业养老保险。个人商业养老保险是以个人为投保人，每张保单承保一个被保险人的商业养老保险。团体商业养老保险指的是以法人团体为投保人，每张保单承保一个法人团体中全部或大部分成员人身风险的商业养老保险。

第二，根据功能的不同进行划分，商业养老保险可分为传统型、分红型、投资连结型和万能型商业养老保险。传统型商业养老保险是投保人与保险公司通过签订合同，双方约定确定的领取养老金时间，约定相应的额度领取。通常来说，其预定利率是确定的，一般在2.0%～2.4%。分红型商业养老保险通常有保底的预定利率，但该险种利率比传统养老险稍低，一般只有1.5%～2.0%。分红型商业养老保险除固定的最低回报外，每年还有不确定的红利获得。投资连结型商业养老保险是一种基金，即一种长期投资产品，设有不同风险类型的账户，与不同投资品种的收益挂钩，不设保底收益，保险公司只是收取账户管理费，盈亏由客户全部负责。万能型商业养老保险在扣除部分初始费用和保障成本后，保费进入个人投资账户，有保底收益，一般在1.75%～2.5%，有的与银行一年定期税后利率挂钩。除了必须满足约定的最低收益外，万能型商业养老保险还有不确定的"额外收益"。

第三，根据缴费或给付方式的不同进行划分，将商业养老保险分为单纯的生存保险和商业年金保险。单纯的生存保险是以被保险人在保险期满或达到某一年龄时仍然生存为给付条件的一种人寿保险，其特点是保费一次性缴纳、保险金一次性给付。在单纯的生存保险中，保险金的给付条件是在期满时被保险人仍然生存，如果被保险人在保险期间内死亡，保险人既不给付保险金也不退还已缴保费，这样就会造成不幸者更加不幸、有利者更加有利的结果。从这方面来看，单纯的生存保险带有赌博的性质，因而在现实业务中，这种纯粹的生存保险一般不以单独的保险形式进行推行，而是附加死亡保险或者其他人身保险。商业年金保险产品是由保险公司所提供、投保人通过与保险公司签订合约而建立的，与单纯的生存保险产品不同之处在于，保险公司在被保险人到达一定年龄或期限时对被保险人进行一系列定期给付，直到合约规定的期限或被保险人死亡为止。目前我国保险市场上绝大多数商业养老保险产品都是限期缴费、定期领取的年金保险。

商业年金保险产品有四个特点。一是具有资金积累的储蓄作用。年金化的缴费方式相当于投保方定期向保险公司存入一笔资金，这种平滑的缴费方式比起趸缴来，被保险人会面临更小的经济压力，更有利于养老基金的建立与积累。二是能够有效抵御个人长寿风险。商业年金保险产品能够为被保险人提供一份未来的稳定收入流，使被保险人可以从容应对储蓄不足而寿命太长的问题。三是附加保障。大多数的商业年金产品都会附加一些其他保障，如死亡给付保障、低收益率保障等，这些保障使商业年金保险产品的内容更加丰富和全面，也更能让被保险人应对其他风险。四是政策方面的优势。在欧美发达国家个人购买年金保险时通常会享受一定的政策优惠。

商业年金保险产品分为以下七个类别。一是根据保费缴纳方式划分，投保人可以选择趸缴或分期缴费的方式。二是根据给付类型即年金的给付金额是否一定来划分，商业年金保险可分为固定年金和可变年金。三是根据给付时间划分，可分为即期年金（即投保人或被保险人购买年金产品后立即进入年金领取期）和延期年金（投保方趸缴或分期缴费后，经过一段时间的保险费积累才进入年金领取期）。四是根据给付期限划分，可分为终身年金（年金给付一直到被保险人死亡为止）和确定年金（年金给付期限为合同约定的时间或年限）。五是根据投保人数划分，可分为单人年金（被保险人为一个人）和连生年金（被保险人是两人或两人以上），在连生年金保险中，只要被保险人没有全部死亡，投保人就要按照合同继续给付年金。六是根据年金购买方式分类，可以分为个人年金（个人购买的年金）和团体年金（通过团体合同进行购买的年金），团体年金通常是由公司单独或个人和公司共同按一定比例出资进行购买。七是根据是否可享受税收优惠划分，商业年金保险可分为适格年金（可享受税收优惠）和非适格年金（不符合税收优惠条件）。

三、商业养老保险在家庭财富管理中的功能发挥

（一）长期积累的储蓄功能

商业养老保险所具有的储蓄功能可以平滑被保险人整个生命周期内的收入从而使养老规划目标顺利实现，尤其商业年金保险定期缴费的特性使投保人可以根据自身收入状况进行合理缴费安排，从而不会给投保方带来较大的经济压力，更有利于养老基金的建立。与其他金融理财产品相比，商业养老保险是目的明确的储蓄，而且该部分储蓄具有安全性和规律性。目前我国保险市场具备较为完善的法律体系和监管体系，从而保证了保险人良好的偿付能力和保险资金运用时的安全性。另外，商业养老保险的储蓄具有半强制性。虽然投保人在

购买商业年金保险后可以申请退保，但其资金会受到一定的损失，这使得商业养老保险成为一项半强制性质的储蓄计划。与银行存款及其他金融理财产品相比，商业养老保险更有利于养老规划目标的实现。

（二）有效应对长寿风险

就影响范围而言，长寿风险包括了个人长寿风险和系统长寿风险。个人长寿风险是指老年人因退休而全部或部分丧失经济收入，同时由于实际寿命超过预期寿命而造成经济困难、生活水平下降等风险。系统长寿风险是由于社会整体死亡率超预期下降、整个社会人群寿命超预期延长，导致养老保障机构的年金给付超预期增加，从而引发年金给付难以为继的风险。从当前我国家庭结构改变和平均预期寿命增长的情况来看，无论传统的家庭养老方式还是依靠政府养老都无法完全应对长寿风险带来的压力，只有通过购买商业养老保险（尤其是终身年金）才能有效抵御这一风险。对于个人来说，购买终身年金可以将长寿风险转嫁给保险公司，在年老时定期获得养老金直至死亡；对保险公司而言，保险所具有的分摊机制、市场化手段、大数法则及保险公司的经营技术可以有效抵御长寿风险。

（三）有助于其他财富管理规划的实现

个人商业养老保险不仅可以满足人们养老的需求，还可以在一定程度上促进居民家庭财富管理其他方面规划的实现，如投资规划、财富传承规划和税收筹划等。商业养老保险根据其功能可以分为传统型养老保险和创新型养老保险（包括分红型、投资连结型及万能型养老保险）。创新型养老保险所具有的投资功能可以为家庭资产实现保值增值的目的，进而实现家庭财富管理中的投资规划；而连生年金、遗嘱收入年金或附加死亡给付保障的年金在一定程度上具有财富传承的功能；当前我国保险市场上个税递延型养老保险呼之欲出，政府利用税收优惠鼓励个人购买商业养老保险，从而大大有利于家庭进行财富管理时税收筹划的实现。可以看出，随着商业养老保险的发展，其功能已经不局限于养老，而是衍生出其他诸多功能，不仅减轻了政府、个人的养老压力，更有利于商业养老保险自身的持续健康发展，同时也为家庭其他财富管理规划的实现起到了重要的推动作用。

第二节　我国商业养老保险发展与居民养老保险购买

纵观世界发达国家的养老保障体系，我们可以发现，只要是商业养老保险市场高度发达的地区，其社会养老问题都已得到了很好的解决，而从美国的商业养老保险市场发展过程中，可以得出很多发展商业养老保险（尤其是商业年金）的经验与启示，在这些经验与启示中我们看到了政策体制推动、产品结构优化与保险行业整体形象提升的重要性。对于我国而言，现行阶段的商业养老保险市场依然与经济合作与发展组织国家存在较大差距，也不足以承担起第三支柱的保障性责任。反观中国居民家庭金融资产结构，保险尤其是个人商业养老保险始终处于弱势地位，我国居民并没有很好地利用商业养老保险进行家庭财富管理。

一、商业养老保险的发展历程

中国保险市场发展的时间较短，可以追溯到20世纪80年代。经过多年发展，我国国民经济水平和收入水平逐年增长，保险业尤其是人身保险从各方面也得到了发展。1980 年全国保费收入仅为 4.6 亿元，2017 年全国保费收入达到 3.66 万亿元，人身保险在业务规模、产品种类、营销渠道、市场经营主体等多方面都在不断扩大和创新。在此基础上，商业养老保险得以发展，并逐步发展成为我国社会养老保障体系当中的第三支柱。回顾我国商业养老保险的发展历程，可将其分为三个阶段。

（一）初步探索阶段（1986—2000 年）

该阶段各项鼓励并推动商业养老保险发展的政策纷纷被提出，我国商业养老保险的发展从而完成了初步探索。

1991 年，国务院发表文件《关于企业职工养老保险制度改革的决定》中规定：随着社会经济的发展，要逐步建立起基本养老保险与企业补充养老保险和职工个人储蓄型养老保险相结合的制度。在养老保险制度的改革过程中，这是首次提出实行商业养老保险作为职工养老保障的补充。

1994 年颁布的《财政部、国家税务总局关于对若干项目免征营业税的通知》中规定：保险公司开办一年期以上到期返还本利的养老金保险业务的保费收入，免征营业税。这项税收优惠政策对保险公司开展商业养老保险业务无疑起到了重要的促进作用。

1995 年 6 月，第八届全国人大常委会颁布实施的《保险法》中第 46 条规定：人身保险公司可以经营的业务范围中包括了个人和团体年金保险，我国商业年金保险由此得以发展。

1997 年国务院颁布《关于建立统一的企业职工基本养老保险制度的决定》

中进一步明确规定：为了使退休人员生活随着社会与经济的发展不断得到改善，体现按劳分配原则和地区发展水平及企业经济效益的差异，各地区和有关部门要在国家政策指导下大力发展企业补充养老保险，同时发挥商业养老保险的补充作用。商业养老保险的补充作用再一次被强调。

（二）加速发展阶段（2001—2007 年）

在对商业养老保险初步探索的基础上，我国商业养老保险无论从经营主体上还是从险种结构上都进行了大力的创新和发展，加上各项政策的有力支持，实现了我国商业养老保险的加速发展。2010 年以来，商业养老保险保费的年均增长速度达到 15%，超过同期国内生产总值的增长速度。

2003 年 10 月，十六届三中全会通过的《中共中央关于完善社会主义市场经济体制若干问题的决定》提出，鼓励有条件的企业建立补充养老保险，积极发展商业、医疗保险。

2004 年平安、太平等首批养老保险公司成立，随后几年中国人寿、泰康、长江和安邦养老保险公司也相继成立，到目前为止有八家专业养老保险公司。

2004 年 11 月，根据加入世界贸易组织的承诺，保险业对外资全面开放，不仅包括放开所有区域和业务范围，还允许外资保险公司在其进驻的省份内全面展开业务。中国银保监会宣布允许外资寿险公司提供健康险、团体险和养老金 / 年金业务。

2006 年 6 月，国务院正式颁布了《国务院关于保险业改革发展的若干意见》。文件中提出了要充分认识加快保险业改革发展的重要意义，鼓励大力发展商业养老保险业务。文件从宏观层面对我国保险业的未来发展提供了强有力的政策支持，为保险业未来的进一步发展带来了难得的机遇。

从 2007 年开始，各保险巨头明显加快了在养老保险市场中扩张的速度。同年 3 月，平安养老保险先后获准在辽宁、湖北、山东和青岛等 10 个省市设立分公司。平安养老保险公司在全国布点，旨在使自身成为养老保险市场的领跑者，并将为我国保险业的繁荣与发展注入新的活力。同时，太平保险向养老保险业务增资 3 亿人民币，同年 5 月，太平养老的注册资本提高到 5 亿元。

在此期间，商业养老保险产品数量不断提升，创新产品层出不穷。2005 年之前的商业养老保险基本上是纯养老型的，是固定利率的养老保险产品，2005 年之后保险公司对养老保险产品做了修改，加入了分红或万能险的投资功能，将固定利率转变为浮动利率，实际分红和结算利率视该公司的经营水平而定。

（三）制度确定阶段（2008 年至今）

随着商业养老保险的发展，我国逐步建立了由社会基本养老保险、企业年金和个人商业养老保险组成的养老保障体系，加上相关法律制度的逐步健全，我国商业养老保险迎来了新的发展。

2008 年 1 月 1 日，银保监会发布了《保险公司养老保险业务管理办法》，这标志着我国有关商业养老保险第一部完整、专业的管理规定出台。该文件的出台在推动商业养老保险业进一步向专业化纵深发展提供了政策基础，对养老保险业务的经营行为做出了明确规范，同时对保险公司违规经营时所要承担的法律责任也做出了相应的规定。这是我国商业养老保险史上的一个重要转折，制度的完善进一步促进了我国商业养老保险的发展。

2008 年 6 月 14 日，第一部商业养老保险地方性试点法规《天津滨海新区补充养老保险试点实施细则》颁发。该细则规定天津市经营补充养老保险业务的保险公司开发补充养老保险产品，其预定利率不受《关于调整寿险保单预定利率的紧急通知》规定的约束，但应根据公司投资收益率审慎确定；保险公司开发万能险形式的补充养老保险产品，其最低保证利率亦不受《关于调整寿险保单预定利率的紧急通知》规定的约束，同样根据公司投资收益率审慎确定。同时，投保人购买补充养老保险，可享受天津市人民政府给予的税收优惠。这一细则加速了商业养老保险的创新和市场份额的提升。

2009 年，在全国“两会”上，代表委员就大力发展商业养老保险以及税收优惠给出建议。同年 4 月，上海个人税收递延型养老保险试点提上日程。养老保险税收递延对于投保人而言，意味着巨大的税收优惠，开展养老保险业务的保险公司也将因此获益。

2013 年，《中国保险业发展“十二五”规划纲要》提出要大力拓展企业年金业务，支持有能力的企业建立商业养老保险计划，提高员工养老保障水平，探索个人养老保险业务，拓宽商业养老保险服务领域。

2014 年 8 月 13 日国务院正式发布《关于加快发展现代保险服务业的若干意见》（即“新国十条”）提出“创新养老保险产品服务。为不同群体提供个性化、差异化的养老保障。推动个人储蓄性养老保险发展。开展住房反向抵押养老保险试点。发展独生子女家庭保障计划。探索对失独老人保障的新模式。发展养老机构综合责任保险。支持符合条件的保险机构投资养老服务产业，促进保险服务业与养老服务业融合发展。”

国务院确定加快发展商业养老保险，个税递延型商业养老保险有望加速出台。中国人口老龄化问题使得商业养老保险的发展需求十分迫切，个税递延等政策红利推动商业养老保险迈入历史新机遇。商业养老保险的保费规模必将长期显著提升，保险公司进军养老产业也有望提升整体投资收益率。个税递延的优惠政策有望推动商业养老保险发展。

个税递延型商业养老保险有望加速出台。2017 年 6 月 21 日，国务院常务会议原则通过《关于加快发展商业养老保险的若干意见》（以下简称《意见》），首次明确了加快个人税收递延型商业养老保险试点的建立。另外，《意见》鼓励商业保险机构以多种方式投资养老服务产业，兴办养老机构，参与养老服务业综合改革试点。

总而言之，中国养老保险三大支柱体系中，商业养老保险发展空间巨大。我国的养老保险体系包括三大支柱：基本养老保险（国家层面）、企业 / 职业年金（企业层面）、商业养老保险（个人层面）。第一支柱主要由社保基金和基本养老基金两部分组成。多年来，我国的养老负担过度集中在基本养老保险，由于基本养老保险主要依赖财政补贴，“收不抵支”的压力很大。第二支柱为企业年金。2007—2017 年，参与企业年金的企业数量、职工人数、企业年金积累资金规模均有明显增加。但第二支柱企业年金覆盖率低，发展较慢。第三支柱为商业养老保险。我国商业养老保险起步晚，参与度落后于发达国家，发展潜力巨大。截至 2017 年底，我国共有 85 家人身保险公司，其中专业养老保险公司 8 家。商业养老保险贡献利润的能力将远远超过单纯的企业年金管理。

二、商业养老保险发展态势

（一）理财型商业养老保险

商业养老保险的保障功能因需求方的改变而发生转变，传统储蓄加补偿型的产品已经不能满足国民的需求，商业养老保险向提供理财规划服务的方向发展。理财型商业养老保险可以按照人一生的财务生命周期进行合理安排设计，可以按照人不同阶段的需求领取教育金、结婚金和养老金。充分实现商业养老保险的规划、理财、保值和保障的功能，从而有效地应对“银发贫困”的窘境。

（二）保障范围多样化的组合模式

在基础养老保险基础上，附加多种险种可以进行选择，使被保险人不仅能享受基本的养老保障，老年时的其他需求也得到充分满足。保险组合模式保障全面，其中涵盖了老年群体比较关注的养老、重病、意外伤害和护理方面的保障，充分满足老年人各方面需求。该种保险组合率先引入护理保险。在失能和半失能老年人群日益增加的今天，护理保险的引入解决了这一困境。

（三）提高投保年龄上限

随着我国老龄化的加剧，老龄人口的比重在总人口中的比例急剧上升。商业养老保险市场上现有的养老产品的投保人群基本上是在 60 ～ 65 岁以下，鲜有产品可以满足 70 岁以上老年人口的保险需求。应该适当提高投保年龄上限，从而满足现阶段或未来 65 岁以上老年人购买商业养老保险的需求。

三、商业养老保险发展基本现状

（一）宣传力度有待加强

我国的大部分居民对于商业保险依旧缺乏基本概念，认为将钱存进银行中并无太大差别。但是实际上，随着近年来银行存款利率的不断调整，其收益值已降至最低化，无法与保险产业相比。另外，在保险公司中具备许多精于理财的优质理财专家，能够帮助其客户获取最大化的收益，3% 的收益稀松平常。与银行存储相比，保险投资方式具有极高的优良性。因此，商业保险公司应看清自身发展的优势，积极运用各类科学的宣传手段加强自身的宣传工作，如利用广告、报纸、网络等，从而加重自身在人们心中的分量，为自身的发展提供更大的机遇。

（二）政府相关税收优惠政策缺失

我国现有的保险类政策尚未对商业化保险提供促进其发展的帮助。依照国家相关规定，如果有企业想要购买商业型保险，那么其费用的支付渠道只有两种：一是自身的福利费；二是企业获取的税后经济收益。而如果是个人想要进行商业型保险的购买，如养老、医疗类保险也只能在其实行纳税之后的收入中进行支付。但在全世界的许多国家，企业所购买的商业型保险在其支付过程中能够享受到政府相关的税收优惠政策，相关的费用也能够直接从成本中进行扣除。而个人所进行的商业保险购买，其费用的支付也能够直接从整体收入中扣除。将相应的纳税程序放置在领取保险金时，购买保险的客户才能够享受到最为良好的纳税优惠。此种税收优惠能够进一步增强企业及个人进行商业保险购买活动的积极性，从而促进商业保险今后的良好发展。

（三）销售服务问题凸显

商业保险发展中存在的销售服务问题主要是指两大方面。第一方面，商业养老保险的险种分类较为陈旧老化，翻来覆去也不过几种险种，无法满足人们日益提升的需求。而且商业保险自身的适应性质偏差，对于大多数人而言并没有较大的吸引力，创新性偏低。第二方面，保险公司自身的宣传推销工作不到位，在人们心中所占据的分量依旧偏少。再加上公司的管理方式较为陈旧，无法跟上时代的潮流，做不到与时俱进，自然也无法对人们有关保险的切实需求进行充分满足，极不利于自身的发展。

四、我国居民商业养老保险购买情况

目前对于我国居民家庭商业养老保险购买情况并没有一个系统的统计，通过统计近十年我国家庭金融资产结构变化及保险在我国居民家庭金融资产结构中占比情况，从侧面分析了目前我国财富管理中养老保险的资产配置情况。

（一）居民家庭金融资产结构及变化

在我国家庭金融资产配置中，安全资产所占比例很高，尤其是居民储蓄比例一直居高不下，并没有随着家庭金融资产种类的丰富而降低，相比而言，风险类资产始终占比较低。这是由于我国金融资产尤其是股票市场发展不成熟，风险高且投资收益具有不确定性，而最具安全性的储蓄存款便成了居民家庭最好的选择。另外，由于我国社会保障制度的不健全及受到传统观念的影响，人们往往认为银行储蓄是最安全的，只有更多地增加储蓄才能充分应对意外，满足养老、子女教育、消费等需求，加上对商业保险的不信任及认识误区，人们通常忽略了利用保险来进行家庭财富管理的方式，导致保险资产在居民家庭金融资产配置中始终处于较低比例。

（二）居民家庭财富管理中养老保险资产配置弱化

从对我国各类金融资产占总资产比例情况的分析中可以看出，养老保险在家庭总资产规模中占有很小的比例，而且越富裕的家庭，其家庭金融资产配置种类越丰富，在进行家庭财富管理时对养老保险的依赖程度越低。这进一步说明，我国家庭用于购买养老保险的资产比例处于较低水平，而且大部分富裕家庭并没有充分利用养老保险这一手段进行家庭财富管理。

五、我国商业养老保险发展与居民养老保险购买存在的问题

（一）政府对商业养老保险消费的税收政策支持不够

从我国商业养老保险的发展历程来看，政府的政策推动对其发展和壮大起到了关键性的作用。企业和居民在购买保险时是否能享有税收优惠政策，对保

险需求能否扩大有很大的影响。如果企业和居民购买保险的保费能够作为费用项目从其收入所得中扣除，即保险费不予列入其收入所得之中，那将会激发企业和居民购买保险的热情，从而扩大保险的有效需求。从美国商业养老保险的发展历程中可以看出，个人年金税收优惠政策对刺激个人购买年金产品的积极性和推动个人年金业务的发展起着重要的作用。在我国社会保障体系改革的过程中，已初步建立了以基本养老保险为核心、企业年金和个人商业养老保险为补充的多层次养老保障体系。然而由于缺乏企业和个人购买年金保险的税收优惠政策，使商业养老保险发展非常缓慢。

（二）商业养老保险产品结构有待优化

从我国保险公司提供的商业养老保险产品种类来看，其产品结构存在着同质化严重和年金化程度不够的问题。

1. 产品同质化强

大多数保险公司都提出产品创新、以客户为中心、为广大客户提供多层次需求的经营理念。但从养老产品供给情况来看，目前我国商业养老保险市场依然是供给导向型。从养老产品类型看，大部分为分红型，所占比例大约 50%，而且费率水平、缴费期间、领取年龄、给付方式、给付期间等具体条款大同小异，没有对市场和客户群体进行细分。由于目前我国人口老龄化加剧、退休年龄的推迟及不同人群工作性质和风险的不同，商业养老保险有一部分特殊的消费人群，如高龄人群、次健体及工作风险较大的人群。这部分消费者之所以特殊，一方面，是因为考虑到他们的年龄及身体因素其未来预期寿命很可能低于一般人群，导致年金领取年限较短；另一方面，是因为年金保单的不可赎回性与不可让渡性，被保险人一旦死亡即年金保险合同终止。如果保险人对这部分人群一视同仁，给予和一般人群同样的费率标准或给付水平，将会造成极大的不公平，甚至失去这一部分消费人群。因此，保险公司在设计商业养老产品时，有必要针对上述人群设定合理的保险费率或给付水平，或者附加一些健康或死亡保障条款。

2. 年金化程度不够

从对年金产品的梳理过程中可以发现，我国年金产品的年金化程度不够彻底，具体表现在年金产品中有相当一部分是定期确定年金，同时年金给付方式多为固定给付。虽然有些年金产品同时提供了养老金、身故保险金及期满保险金等多重保障，但一般都不是保障终身的年金产品，无法完全抵御长寿风险。

假如一位退休人员购买了55岁领取，领取年限为20年的年金保险，如果他的死亡年龄为79岁，那么在年金保险合同终止时，该退休人员剩余的四年存活时间将得不到年金化收入，同时也没有得到对其长寿风险和储蓄不足风险的保护。另外，由于通货膨胀的存在，年金保险固定的给付额度虽然能保证人们退休时较高的养老金替代率，但无法保证退休人员的实际生活质量，同样没有有效抵御因寿命延长而带来的储蓄不足的风险。

（三）消费者对商业养老保险的认知存在缺失和误区

根据对商业养老保险消费情况的分析可以看出，当前我国个人商业养老保险的需求不足，具体表现在居民家庭金融资产中养老保险资产配置比例偏低、居民投保商业养老保险比例较低且对保险产品信任度低。这一方面源于我国保险行业整体形象不佳、经营方面存在一些问题。另一方面更主要的原因在于消费者对商业养老保险的认知存在缺失和误区。

第一，受到传统观念的影响。我国从古至今所形成的传统养老观念在国人心中根深蒂固，与其他发达国家相比，我国居民普遍注重“家庭养老”，“养老的个人责任意识”尚处在初级阶段，而且目前依靠基本养老保险、商业养老保险的养老方式仍处在发展阶段，这是我国个人商业养老保险市场发展缓慢的原因之一。

第二，对个人或家庭的责任和态度不明晰。有些人过分沉溺于自身享受或工作忙碌而忽略了对个人或家庭未来的关注和打算，部分年轻人认为自己还年轻，用不着购买商业养老保险，在对当前和未来的生活消费进行选择时盲目地选择“活在当下”而忽视未来规划，甚至存在“啃老”和“月光”的现象。

第三，对风险缺乏正确的认识。目前人们对风险的理解往往还处在“天灾人祸”等层面，并没有意识到长寿的风险，从而对长寿风险缺乏深刻的理解。实际存活年龄增加本是一件值得高兴的事，但如果没有提前做好充足的养老规划，不仅事后无法弥补，还可能引起家庭矛盾或造成较重的债务负担。

第四，对商业养老保险的功能认识不足。对于个人来说，商业养老保险的核心功能是保障人们的老年生活，尤其是终身年金在应对长寿风险方面有着其他金融产品所不具备的优势。另外，随着保险业的发展，商业养老保险推出了可以满足消费者多方面需求的新型产品，如投资连结型产品可以为消费者带来投资收益，连生年金、遗嘱收入年金或附加死亡给付保障的年金，在一定程度上具有财富传承的功能，而个税递延型养老保险可以在消费者进行财富管理时满足其税收规划方面的需求。

由于消费者对商业养老保险存在认知上的缺失和误区，导致一些消费者虽有养老需求却很少进行投保。因此，消费者有必要加深对商业养老保险的认识，认清享受与责任、当下与未来、机会与风险的关系，合理配置商业养老保险资产，处理好家庭财富管理问题。

第三节　商业养老保险的发展目标和基本原则

商业养老保险不是一个简单的保险问题，也不是单纯的经济问题，而是一个事关社会和谐和政治稳定的重大战略问题。2013 年十八届三中全会提出，“制定实施免税、延期征税等优惠政策，加快发展企业年金、职业年金、商业保险，构建多层次社会保障体系。”2014 年《国务院关于加快发展现代保险服务业的若干意见》要求“把商业保险建成社会保障体系的重要支柱。商业保险要逐步成为个人和家庭商业保障计划的主要承担者、企业发起的养老健康保障计划的重要提供者、社会保险市场化运作的积极参与者。”2015 年《政府工作报告》提出“推出个人税收递延型商业养老保险。”从一系列最新政策动向和中国现实形势看，发展商业养老保险，是构建多层次养老保障体系的必然要求。

一、商业养老保险的发展目标

我国商业养老保险的发展目标可以设定为：到 2020 年，基本建立产品形态丰富、服务领域广泛、专业能力突出、经营诚信规范的现代商业养老保险市场。具体而言，要使我国的商业养老保险成为个人和家庭商业养老保障计划的主要承担者、企业发起的养老保障计划的重要提供者、社会养老保障市场化运作的积极参与者、养老服务业健康发展的有力促进者、经济增长和金融领域协调发展的稳定支持者。

二、发展商业养老保险的几项基本原则

第一，坚持“市场 + 政府”，两手并用。商业养老保险的发展，既需要发挥市场机制的作用，又需要发挥政府的作用，“看不见的手”和“看得见的手”两者都需要利用好。商业养老保险具有商业性和公益性的双重特征，从商业性角度看，商业养老保险以商业化运作为基础，应当充分发挥市场在资源配置中的决定性作用；从公益性的角度看，商业养老保险又具有一定的社会公益性、关系国计民生，对服务经济提质增效升级具有积极作用。但目前商业养老保险基础薄弱，根据“国十条”的精神，应当创造低成本的政策环境，给予必要的

扶持，更好发挥政府的引导作用。

第二，坚持改革创新，供需并促。商业养老保险发展缓慢，既有需求方面的原因，又有供给方面的原因。从需求方面看，应当通过公众宣传教育，让公众充分认识到，在人口老龄化形势下，商业养老保险对于构建多层次养老保障体系具有重要意义；应当通过政策激励，让公众有内在动力去积极购买商业养老保险，提高养老保障水平。从供给方面看，应当深化商业养老保险相关体制机制改革，引进长寿风险管理的先进理念和技术（如长寿风险再保险、长寿风险证券化等），增强商业养老保险产品、服务、管理和技术创新能力，鼓励商业养老保险机构为公众提供更多有市场吸引力的商业养老保险产品，释放和激发商业养老保险服务多层次养老保障体系的活力。

第三，坚持完善监管，纵横并举。保险监管的核心工作主要包括两项：一是消费者权益保护，调整的是保险机构和消费者之间的关系；二是维护公平竞争的市场环境，调整的是保险机构之间的关系。前者是市场纵向关系的调整，后者是市场横向关系的调整。完善商业养老保险的监管，也要从纵向和横向两个方面入手。从纵向看，要始终把维护消费者合法权益作为商业养老保险监管的立足点，建立以消费者满意度为核心的商业养老保险机构服务评价体系，鼓励和监督商业养老保险机构向消费者提供优质的产品和服务。从横向看，要把建立和维护公平竞争的市场环境作为关键，确保不同类型的商业养老保险机构都享有公平的市场竞争机会，都受到公正的政府监管。在纵横并举的工作中，不断完善保险法制体系，加快推进保险监管现代化，同时守住不发生系统性、区域性金融风险的底线。

第四节　改善居民家庭财富结构的个人商业养老保险路径

随着养老保险体制改革工作的逐步推进，给商业养老保险带来了良好的发展机遇。但不可否认的是，商业养老保险的发展形式依旧不够乐观，对其现状及相应的策略进行分析探究，才能进一步促进其良好的发展。与此同时，我国现已全面进入老龄化时代，“未富先老”已成为基本国情，极不利于养老保险行业的发展，养老问题已成为社会热点性问题。我国现行的社会保险制度已无法满足广大老年人的养老需求，退休人员的逐步增多使得社会保险事业面临着极大的挑战。因此，大力发展商业养老保险势在必行。

一、个人商业养老年金保险税收激励的环节

个人商业养老年金保险作为基本养老保险的补充，不仅具有养老保险的功能，还能起到降低社会风险的作用，并且能减少政府的财政负担。因此，国际上大多数国家对个人商业养老年金保险实施了不同程度的税收优惠政策，其方式也不尽相同。政府在制定税收优惠政策时，主要从保费缴纳、投资收益领取、养老保险金领取三个环节上的个人所得税是否征收来考虑的。

（一）保费缴纳环节

目前，世界各国在保费缴纳环节是否征收个人所得税的做法不尽相同，大部分国家主要采用以下三种方法进行税收减免。

第一，数额限制。即保费在一定范围内可以税前列支，免收个人所得税，超额部分不允许税前列支。其具体方法一般为规定保费扣除比率与限额相结合（如奥地利，25% 保费可以税前列支，但是每年上限不超过 2920 欧元）。

第二，保单类别限制。保单类别限制是指个人所得税的征收与否与保单类别相关，符合规定范围的保费支出可以税前列支，免收个人所得税；规定范围以外的保费支出不享受税收优惠（如美国，只有为了安排退休计划缴纳的保险费可以税前列支，免收个人所得税）。

第三，保险人类别限制。缴纳的保费是否可以税前列支，免收个人所得税，与保险人的类型或性质相关（如丹麦，保险人为丹麦年金公司或养老计划公司，保费可限额税前列支；保险人为其他公司，保费不能税前列支）。

（二）投资收益积累环节

个人商业养老年金保险具有很强的储蓄性和投资性，强调生存期间的给付和投资收益。其中，保单红利在某些国家被视为保费的返还，而不是个人所得，因此不应该征收个人所得税。而累计的内部利息作为投资收益，在保单中不断积累，形成延期税款。若保单持有人一直累计利息到死亡，则可以有效规避税收。国际上，对投资收益税收的做法一般是缴费期间不征收个人所得税，而在给付时再征收个人所得税。对消费者的税收政策一般存在直接免税（如阿根廷）、间接免税（如新加坡，由保险公司纳税）、一定条件下免税（如智利，满足一定条件下免税）、纳税（如丹麦）几种方式。

（三）投资收益、养老金及死亡保险金的领取环节

个人商业养老年金保险是为了维持年老者的收入和生活水平，一般为周期性给付的年金产品。保险人定期向保单持有人支付投资收益及养老金。随着寿

险产品的多样化，养老保险也存在生死两全年金产品，即保单持有人生存时，定期支付养老金；保单持有人死亡时，支付死亡金。因此，给付额大致由三部分组成：一是投资收益的领取；二是养老保险金的领取；三是死亡保险金的领取。

美国法律规定，给付额中的本金部分免缴个人所得税，利息部分必须缴纳个人所得税。但是在实践中，一般很难区分本金部分和利息部分，为了鼓励消费者购买年金产品作为养老退休计划，大多数国家采用的是领取额的部分比例征收个人所得税，并实施一定程度的税收优惠政策。当保单持有人死亡时，对于死亡金的领取，各国的税收政策也不尽相同。

二、个人商业养老保险发展需要政府和企业共同作用

（一）鼓励个人购买商业养老保险

个人商业养老保险作为我国养老保障体系的“第三支柱”，为解决我国居民养老问题起到了重要的补充作用。在国务院发布的“新国十条”中提出鼓励“创新养老保险产品服务，为不同群体提供个性化、差异化的养老保障，推动个人储蓄性养老保险发展”。面对我国人口老龄化加剧的严峻形势和“未富先老”的现实，政府应从战略高度重视个人商业养老保险的意义，以强有力的税收优惠政策和完善的法律监管体系为依托，鼓励个人购买商业养老保险。否则，“新国十条”的提出便成了一纸空文。

（二）增强商业养老保险税收优惠政策

商业养老保险发展的一大制约条件便是政府相关税收政策。一直以来，税收政策是保险行业发展过程中极为关注的重点。当前在上海、天津等地已进行了养老保险试点相关工作，并制定出了相应的税收优惠，从而帮助促进商业保险的发展。

第一，商业保险企业认为，政府进行的保险行业税收主要可以分成三个阶段进行。第一阶段，在企业及个人依照相关保险计划进行费用支付时；第二阶段，在保费缴纳至一定年限获取收益后；第三阶段，保费缴纳完成，企业进行养老费用的支付时。我国在进行相关的保险计划制定时，在税收方面应积极采用延退模式，对企业及个人商业保险缴费实行科学的税收优惠，采用免税方式。而在退休人员进行保费领取时则对其进行课税的收取。运用这种税收方式能够将税收优惠的作用进行最大化发挥，激发企业及员工对于商业保险缴费的积极性，促使更多人加入商业保险的购买活动中，从而进一步促进商业保险的优良发展。

第二，将税收优惠力度进一步扩大化处理。商业保险的发展在一定程度上是依赖企业及个人自身的避税需求的。一方面，在全世界许多国家，人们将因商业保险购买活动而获取的税收优惠称为避税屋。在满足我国财政收支平衡的基础上，将保险税收优惠内容进一步丰富，能够有效促进商业保险的发展。另一方面，我国职工工资现已呈现出明显增长的趋势，因此更加应该进行税收优惠工作的进一步开展。通过对我国财政收支状况进行分析，在保险方面的税收优惠，可以按每年 6% ～ 9% 的免税比例进行提升。与此同时，给予地方政府税收优惠更大的自由度，促使其依照自身状况进行免税比率的确定。

第三，在对各试点的切实经验进行吸收后可以适当进行税收优惠范围的扩大化处理。对于商业保险企业，应在将其投资方式进一步丰富的同时，对其自身的经营状况进行考量，给予适当的税收福利，从而增强保险企业进行养老类保险项目的经营积极性。

（三）加大养老保险监管力度

强有力的监管活动能够为各行各业的发展提供最为优良的环境。如此一来，商业保险企业才可进行经营业务的扩大化处理，为整个行业形象的树立提供助力。一是对我国的实际状况进行深入分析，保险监管委员会应在保险项目的相关设计方面相应加大监管力度，对于一些极不科学的定价问题需要完全禁止，并对不利于消费者的合同条款予以废除处理。二是行业监管部门应对相应的企业准入标准进行提升，以此进一步提升保险机构的专业水平。三是行业监管部门还应将保险市场进一步扩大化，积极吸纳国内外更多的保险企业，从而进一步推动行业的实践性。四是保险监管部门应不断加大相应的发展创新工作力度，增强保险企业的时代发展性。由于保险监管部门自身能力的逐步提升和增强，其相应的行业规范就更应充满灵活性，以此对发展相对成熟的企业实行科学地监管，同时也不应放松对发展较为缓慢公司的监管工作。

大量的实践经验表明，科学适当的监管工作能够进一步促进企业的良好发展。对养老保险产业实行监管，主要是为了给被保险人及受益人的利益提供保障，确保其获取应有的利益。有相关专业人士提出几点建议，以此帮助加强养老保险监管工作整体力度。一是对保险市场的各类行为实行科学有效的监管工作，并运用多种方式完成监管工作，积极创设出一个和谐优良的市场环境。二是加大资金方面的监管力度，为养老基金的安全提供保障。商业养老保险通常都具有较长的缴费年限，一般可达到数十年。因此，对于养老基金的安全性要求较高，需对其实行科学严谨的监管。三是将新兴数据的透明度进一步加强，从而为养老保险的管理工作提供必要的约束，给予投保人知情及选择权。四是加强协同监管工作力度。我国现行的保险监管制度的主要监管内容划分为，劳动保障职能部门负责社会型保险的相关监管工作；保监部门负责团队及个人的年度资金监管工作；劳动保障职能部门、保监部门、银监部门负责企业年度资金的监管工作。为了进一步加快商业保险的发展速度，使其水平进一步提升，应将相关监管部门的联系度进行增强，促进多者之间的协作发展。

（四）加强企业自身宣传力度

商业保险公司在自身的发展过程中，应积极进行相关的宣传类工作，将养老保险的理论及舆论工作完美完成，由此进一步增强人们的保障性意识，并运用多种宣传手法加深商业保险在人们心中的印象。与此同时，商业保险公司还可适当进行多种服务的综合型发展，将服务内容进一步丰富，服务范围进一步扩大化以此增强自身的吸引力。如商业养老保险便可增添体检内容，给予客户免费体检服务及健康生活指导服务。

（五）提升销售服务质量

①销售对策。商业养老保险的主要销售人员为以下几部分。一是企业内部人员；二是与企业签订相应合同的个人；三是中介机构的代理人员；四是受企业委托的兼职人员。而相对应的销售形式主要有：一是直销方式，主要是指企业内部人员进行直接性的保单销售工作；二是营销方式，主要是指利用代理人员、中介机构等方式进行保单的销售工作。

②服务对策。要想为商业保险提供最大化的发展助力，应积极健全与完善客户平台的建设，从售前至终身一系列的服务都应包括在内。一是应将企业的内部管理工作进行科学规范处理，将其整体水平效率进一步提升。进行保险服务网点的积极设立，在银行、邮政等地均应进行代办型服务网点的设立，并实行相互之间的联网互通工作，以此为广大客户提供最优质的服务。二是对售后中心进行集中化的设立工作。主要的售后服务内容包括：投诉、咨询以及查询等服务，并确保相应的服务时长为24小时，以此为客户提供不间断的服务，对客户实时需求进行及时充分满足。

三、个人商业养老保险的发展需要供给侧的改善

（一）提升保险行业形象及建立诚信消费环境

我国家庭金融资产构成中保险始终处于较低比例，而储蓄占比很高。究其

原因，除了我国长期的文化传统和经济体制因素外，一个主要原因是社会大众对保险行业的信任度很低。自20世纪80年代以来，我国保险业得到了快速发展，创造了保险行业的增长奇迹。但在我国保险业膨胀式发展的同时，由于各保险经营主体主要着眼于抢占市场份额和发展业务上，从而在一定程度上忽视了保险行业的整体形象维护。目前来看，以行业形象整体下滑为代价来抢占市场份额或发展业务规模已经使保险业的发展受到了较大的阻力。另外，由于保险经营及产品具有专业性和特殊性，造成交易双方信息不对称，从而引发了保险市场中一系列不诚信现象的出现，缺乏诚信的消费环境，致使人们对保险行业的不信任程度更加深化。因此，保险行业有必要放缓发展脚步，消除保险业的诚信危机，重塑保险业良好的行业形象。

为此，人们认为保险公司须从以下几方面付出努力：一是制定保险经营环节中面向客户的各项服务标准和规范要求；二是提高保险公司的产品供给能力和服务水平，使人们可以买到对应需求的保险产品并享受优质服务；三是普及保险知识，提高全民风险与保险意识，帮助人们树立正确保险消费意识；四是全面提升保险从业人员素质，设置适当的从业人员准入标准。当然，保险行业形象的整体提升不仅需要保险公司单方面的努力，还需要相关部门加强监管力度并建立相应的惩戒制度。

（二）优化与创新产品结构

专业养老保险公司与综合性寿险公司在制定产品策略上必须突出养老保险特色，将个人商业养老保险业务的开展提高到公司战略发展高度上来，发挥我国养老保障体系中“第三支柱”应有的作用。目前我国商业养老保险产品结构的主要问题在于，同质性强和年金化程度不够，无法为不同层次人群提供相应的养老保障且不能完全覆盖长寿风险。对于一般人群来说，目前市场上存在的养老保险产品便能较好地保证其老年生活无忧。但随着经济社会的发展及人口老龄化的加剧，我国社会中出现了相当一部分高龄人群，由于所从事职业的不同，人们的收入水平和健康状况也存在差异。对于次健体与高龄人群来说，如果投保商业养老保险，他们可能面临着年金领取年限较短的问题；对于低收入者来说，他们可能有意愿但无经济能力购买商业养老保险；而对于高收入者来说，他们可能会考虑到资产保值增值的原因而选择其他金融产品。因此，保险公司有必要对不同层次的人群进行市场细分，根据不同人群的需求设计出相应的养老产品，可以从费率差异化制定、养老金给付、投资收益分红适当增加和附加死亡或健康保障等方面入手，使商业养老保险产品更具吸引力。当然，这不仅要求保险公司产品设计水平及投资能力的提升，宏观上更需要完善的金融市场体系。

（三）提升从业人员素质

提升保险从业人员素质主要强调两个方面：一是专业素质；二是道德素质。迫于工作或生计的压力，许多保险从业人员盲目追求高业绩增长，一心只想卖出手中的产品。在对所售产品尚不完全了解的情况下，对产品错误解读引导消费者购买，甚至对消费者过度承诺，故意误导消费者。这种情况在所有行业中都不罕见，但由于商业养老保险是家庭财富的重要组成部分，关乎个人或家庭一生的财务保障。消费者很可能在对产品错误理解的情况下完成购买行为，一旦发现产品不能满足自身需求，在退保时可能会遭受一定的财务损失或干脆保险公司不予退保。从微观上来讲，少数保险从业人员素质低下会导致该保险公司形象受损；从宏观上来讲，保险从业人员素质的整体低下会造成保险行业形象滑落，进而制约保险业发展。所以，必须采取一定的措施提升保险从业人员的整体素质，比如在学历方面提高从业人员的准入门槛；对从业人员加强职业道德教育，规范服务标准；建立从业人员（代理人）资格考试分级制度，根据级别的不同对从业人员的佣金提取划分不同标准；提倡并鼓励高级别从业人员向保险理财规划师方向转型。

四、个人商业养老保险的发展需要消费者的配合

（一）改变传统养老观念

在人口老龄化形势加剧及家庭结构转变的背景下，“4—2—1”家庭模式导致一对夫妻要赡养四位老人，而通货膨胀的冲击则引发了货币的实际购买力持续下降，这些问题均导致传统的家庭养老或依靠个人储蓄养老已经难以为人们提供充分的养老保障。紧跟时代发展的步伐，才能不被时代所抛弃，经济社会发展到今天，人们必须学会享受时代变革带来的福利，充分利用市场化手段进行老年风险转移，保证老年时良好的生活质量，为自己人生的最后一阶段画上圆满的句号。因此，必须摒弃传统的养老观念，跟上时代创新理念，从而促进商业养老保险的可持续发展。

（二）正视长寿风险，提前做好养老规划

随着医疗卫生及饮食营养水平的提升，人们的平均预期寿命不断提高，由此带来的长寿风险已经不容人们忽视。加深人们对长寿风险的理解与认识，才

能增加人们对自身养老规划的危机感，才能迫使人们为自己的养老规划提前做准备。从目前来看，终身年金保险产品所具有的"以生存为给付条件"的特性能有效解决人们的长寿风险问题，即被保险人的寿命越长，终身年金产品的给付期限也就越长，直到被保险人死亡给付期限才会结束。因此，购买终身年金产品是人们应对长寿风险的良好途径。

（三）加深对商业养老保险的认识

对于个人来说，商业养老保险的核心功能是保障人们的老年生活，尤其是终身年金，其在应对长寿风险方面有着其他金融产品所不具备的优势。另外，随着保险业的发展，商业养老保险推出了可以满足消费者多方面需求的新型产品，如投资连结型产品可以为消费者带来投资收益；连生年金、遗嘱收入年金或附加死亡给付保障的年金，在一定程度上具有财富传承的功能；而个税递延型养老保险可以在消费者进行财富管理时满足其税收规划方面的需求。商业养老保险作为家庭金融资产配置的重要组成部分，一直占有较低的比例，而银行储蓄始终占比在 50% 以上，导致家庭金融资产结构分配极其不合理。通过购买商业养老保险，人们不仅可以满足自身多方面的财富管理需求，还对完善其家庭金融资产结构有着重要的意义。因此，人们必须摒弃从前对保险的不信任与偏见，对商业养老保险重新加以认识。

第七章　中国养老金双轨制向并轨制改革有效性研究

养老金制度改革是中国经济体制改革中的一个重点和难点，也是有巨大影响力的问题。破除养老金双轨制、改革机关事业单位养老退休金制度是适应中国经济社会转型的现实要求，是实现社会公平正义的迫切期望，同时也是完善中国基本养老保险制度、完善中国特色社会保障制度的理论需要。养老公平不仅是具有关乎社会稳定的社会属性，也是一种关乎社会发展的经济新动能，政府、专家学者、社会各界都对这个问题给予了高度关注。

第一节　养老金双轨制向并轨制改革的理论基础

理论指导实践的发展，同时理论自身也在实践中不断完善。研究中国的养老金双轨制，首先应该了解基础情况，包括机关、事业单位、公务员等概念；其次要基于国情，从中国经济社会转型理论的视角，用帕累托效率理论和社会公平理论来分析，进而指出改革双轨制既有利于实现社会公平，同时也有利于促进经济效率。

一、相关概念界定

（一）机关事业单位

我国的《民法通则》中定义了四种法人形态，分别为企业单位、事业单位、政府机构和社会团体。我们在讨论双轨制的时候往往将“机关事业单位”作为一个整体，其对象包括我国的公务员和事业单位工作人员，在计划经济时期统称“干部”。

事业单位是我国独有的称呼，是由国家设立的公益机构，有别于政府机构，在事业单位就职的职工与公务员不属于一个人事制度系列，但都是公共部门，人工费用纳入财政预算。我国事业单位所涉领域，在国外不少国家都将其纳入公务员系统。西方没有单独的“事业单位”，中小学教师、公共医疗系统等人员都属于公务员，甚至一些国家还将国营企事业单位的职员也列入公务员范围。

对于中国事业单位的概念，现在人们普遍采用的定义来自1998年的《事业单位登记管理暂行条例》，其中所指的事业单位为“国家为了社会公益目的，由国家机关举办或者其他组织利用国有资产举办的，从事教育、科技、文化、卫生等活动的社会服务组织。”

中国现有的事业单位不仅涉及领域繁多，在其提供的产品和服务性质、与政府的关系、业务活动在社会经济发展中的重要程度等方面差别较大。事业单位独有的特点包括目的的公益性、举办主体的政府性、活动领域的社会事业性、非营利性等。

（二）公务员

公务员一般是指履行公职的人员，各国对公职的界定纷繁多样，对于公务员概念与内涵的理解，由于各国的政治经济制度、社会文化传统、发展历史沿革等各方面的差异，其定义也存在较大差别，并没有全球完全统一的定义标准。公务员的雇主是国家和政府或者是其他公共部门，公务员是履行公共职能和开展公共服务的主体，其行为具有公共性，因而公务员的职业特点与私人部门雇员有着明显差异。

在我国，公务员概念的内涵和外延是发展变化的。建国初期，这些人员被统称为“国家干部”，改革之后，国家加强了对公务员概念的理解和公务员制度的建设。1993年8月国务院所颁布的《国家公务员暂行条例》规定，公务员是指“国家各级行政机关中除工勤人员以外的所有工作人员”。2005年颁布的《公务员法》扩大了公务员的范围，“是指依法履行公职、纳入国家行政编制、由国家财政负担工资福利的工作人员”。

各国对公务员内涵的揭示，普遍采用范围描述法，即在哪些部门工作的哪些人员属于公务员，这就产生了大口径、中口径、小口径三种不同的统计口径。小口径的公务员以英国为代表，主要是指国家各级政府机构中非选举和政治任命的公职人员；中口径的公务员外延比小口径宽，主要是指各级政府机构中所有公职人员，美国是其代表；法国、日本是大口径的典型代表，在这些国家，公务员范围涵盖更加广泛，包括对象除了在国家行政机关和公益性事业单位的工作人员外，还包括其他类型国有企业工作人员。

（三）养老金双轨制

“养老金双轨制”是指不同工作性质的退休人员实行不同的养老金制度。

企业实行的养老保险制度模式是“社会统筹与个人账户相结合”，按照一定标准，企业缴纳统筹部分，职工缴纳比例为个人工资的8%，构成了这一由企业和职工本人共同缴纳的“缴费型”统筹制度。而机关事业单位实行的养老金制度，严格意义上不是社会保险制度，基本仍沿袭计划经济时期所确定的、由财政统一支付的退休养老金制度，个人不需要缴纳任何费用，即现收现付的、待遇确定型的制度。

这两套不同制度的区别具体体现在四个方面。一是受益模式不同。机关事业单位是典型的待遇确定型，而企业为缴费确定型。二是养老金计发方式不同。机关事业单位以退休前最后一个月的工资为依据；而企业职工则以退休前一年的月平均工资为依据。三是管理体制不同。机关事业单位的养老金发放和管理，还是由原单位承担，社会化程度低；而企业养老保险则已经全面走向社会化。四是资金来源不同。机关事业单位养老金支付所需资金来自政府财政，职工个人不缴费，而企业职工则由企业和职工个人按规定比例缴纳保险费，政府财政起兜底作用。

二、养老金双轨制向并轨制改革的理论基础——中国经济转型理论

渐进路线贯穿于中国经济体制改革的全过程，中国国情复杂，地区之间差异巨大，便以试点、推广、“摸着石头过河”等为特征的渐进改革实施于各个领域。在养老金制度改革的过程中，中国经济转型路线决定了养老改革也走这样一条道路。企业职工养老保险制度在这一指导思想下的改革，取得了较为显著的成果，但不同群体的养老金制度呈碎片化状态，则是改革的副产物。

（一）中国经济改革战略的演变

半个多世纪的改革历程，围绕着计划向市场转变这条主线，形成了不同的阶段性特征。以主要改革措施为标志，从中共八大至今，中国的经济改革可以划分为三个阶段：

1. 行政性分权阶段（1958—1978年）

这一阶段进行体制改革的重点是扩大地方自主权，中央向各级地方政府放权让利，改革的基本内容就是随“下放”权力而带来的利益。经济现状的混乱，效率的低下，使得当时消耗大量资源所换来的，只是表面为邀功请赏而吹嘘的浮夸数字。这段时间进行的权力“下放”造成中国经济进入“一放就乱”“一管就死”的怪圈。在这样一个高度集权的计划经济中，市场关系难以发展起来。但行政性分权对经济的影响不可盖棺定论，在强化了地方保护主义的同时，也

提供了另一个空间——计划经济下的市场关系在地区与地区之间的竞争夹缝中破土而出。

2. 增量改革阶段（1979—1993 年）

增量改革也叫“体制外优先”改革，改革得名于以非国有部门或计划外部分为重点推进改革，促进发展。中共十一届三中全会之后，中国的经济改革找到了一条全新的道路。改革之初，我国进行的扩大企业自主权的试验没有取得理想效果，国有经济改革毫无进展。增量改革战略就是在这个背景下提出的，当时面临的难题是既要采取一些修补的手段维持国有经济继续运转，同时也要关注到非国有经济方面，以求在这里寻找新的经济增长点。市场导向是非国有部门经济活动的主要特点，随着这部分经济的发展，形成了地区性、局部性的市场，在资源配置中开始显现出市场的力量。此时“双轨制”正式出现，是用增量改革战略来缩短改革进程的前提，不仅为非国有经济的存在和发展营造了合适的社会大环境，而且减少了经济体制改革的阻力，最终确立了统一市场经济体系的重要目标。

3. 整体推进、重点突破阶段（1994 年至今）

这一阶段是为建立起社会主义市场经济体制进行全面改革的阶段。增量改革过程中维持双轨制的做法，在国内和国外都得到一部分人的肯定，尤其是得到那些从中受益的地方官员和国有企业领导人的支持。以城市为重点的经济体制改革开辟了中国经济改革整体推进的新局面。进入 21 世纪，经济体制改革在纵横方向均有所发展，不仅更加注重市场的资源配置作用，而且强调政府职能的转变。

以上是对中国经济改革进行的分段表述，但是两个阶段之间的界限并不是泾渭分明的。每个阶段的多种改革措施往往相互穿插，前一个阶段实施的改革措施为后一个阶段的改革推进奠定了基础；后一阶段的各种改革措施中，也包含着前一个阶段改革措施的某些遗留物。双轨制则是改革过程中最难解决的一个遗留物。

（二）双轨制的产生、问题与改革

在计划经济条件下，生产资料在全国范围内由国家统一调拨，价格只起到在国有单位之间进行核算的工具作用，居民日常消费品由全国商业系统统一控制，由各级物价管理部门统一定价。在改革开放初期，为解决非国有企业的供销渠道和产品定价问题而采用了多种非规范的形式。如果说计划是物资流通的

第一条通道，那么市场轨道就是物资流通的第二条通道。1979年《关于扩大国营工业企业经营管理自主权的若干规定》中允许企业自己销售超出计划生产的产品。当时由计划手段作为资源配置的体系还没有被打破，为了创造非国有企业可以生存的环境，价格和其他方面的双轨制出现了，即企业能够通过市场渠道取得原材料等的供应和销售自己的产品。

非国有经济成分在中国的迅速增长阶段为20世纪80年代初期。如果没有市场上的自由交易，它们就无法生存。而就在这一时期，国有企业计划之外的生产范围和交换范围也在不断扩大。生产资料供应和定价双轨制的正式实行，始于1985年国家物价局、国家物资局发出的《关于放开工业生产资料超产自销产品价格的通知》（以下简称《通知》），《通知》中规定允许企业按市场价出售和购买“计划外”产品。

双轨制的出现，打破了计划作为资源配置的唯一手段，使非国有经济成分获得了新生，取得了一定的成长空间和条件，在当时毫无疑问是利大于弊的。然而它也使部分有权力背景的人物能够从中获益，成为阻碍进一步市场化改革的社会集团力量。而这类腐败活动会激起社会大众的不满，危害社会稳定。特别是它在国有企业与非国有企业之间造成不平等，越到后来就越成为阻碍非国有经济发展壮大的因素。长期维持的双轨制局限性和消极影响随着时间的推移表现得越来越明显，直至20世纪80年代中期开始了全面改革的尝试。

“体制外”的改革突破为市场经济制度的全面开展准备了必要条件，为了实现由计划经济向市场经济的全面转型，在此情况下抓住时机，在国有部门开展配套改革的攻坚战成为改革的迫切要求。

（三）中国经济转型与养老金双轨制

经济体制改革目标的确立之时，也是社会政治改革被提上议事日程之时。建立一个什么样的市场经济体系，成为转型阶段一个尖锐的问题。如何在经济社会大转变中保持社会的公平正义是其核心问题。此时，与市场经济改革相适应的各项配套改革被提出，政府在经济转型中的作用就凸现出来。

市场化改革以来，一方面国有企业旧有的社会保障体系已难以为继；另一方面民营企业职工和农民则没有社会保障。社会保障体系中最为重要的养老保险领域，涉及人群最广，也是最先进行改革试点与探索的。国有企业职工与机关事业单位等公共部门就业的职员是传统养老金的受益群体，为了配合国企改革，首先进行改革探索的是城镇企业职工这一群体。经过多年修修补补，这里始终回避了一个群体，即机关事业单位人员。这部分人群采取传统的现收现付方式，一直没有实行缴费确定的基金积累制。随着公务员制度的确立和人事管理制度改革的推进，终身雇佣的传统已经打破，这增加了改革机关事业单位养老金制度的紧迫性。新的制度应适应人事管理制度改革的需要，同时也要实现与企业养老保险计划在制度安排和运行机制上的接轨。

三、公平与效率理论

如何理解公平与效率的内涵、如何处理二者之间的关系始终是西方经济学理论研究和实践发展中的争议热点。养老金制度同样涉及公平与效率博弈的难题。因此，我们以帕累托最优理论和公平理论为指标，尝试分析在双轨制改革中如何把握公平与效率的关系。

（一）帕累托最优理论

“帕累托最优（又称帕累托效率）指的是这样一种状态，在现有资源既定的条件下，没有任何其他的资源配置结果，使部分人的境况变得更好，而同时没有其他任何人的境况变得更坏。”它主要研究的是在什么样的临界点上促进个别经济主体福利的增加，而不会造成其他主体的福利降低，以实现整个社会福利的最大化。

养老金双轨制改革需要考虑帕累托效率。一直以来，企业养老保险制度改革成效显著，提高了企业退休人员的整体福利，促进效率的增加。但是机关事业单位养老金制度的改革却进展缓慢，整个社会养老金制度的改革进程呈现出一条腿长一条腿短的状态，这种情况不利于整个社会经济福利的扩大。

用帕累托效率的理论来研究养老金双轨制改革，关键在于探索出怎样在不损害机关事业单位人员利益的同时提高企业职工的福利待遇水平，或者提高机关事业单位人员所享有的福利水平但并不降低其他群体的福利。2009 年关于事业单位养老保险制度改革无法推进的原因就在于它没有遵循帕累托效率，损害了机关事业单位人员的利益，受到了这些利益受损群体的抵制。

（二）公平理论

公平理论又称社会比较理论，是由美国心理学家亚当斯于 1965 年提出的。该理论是研究人的动机和知觉关系的一种激励理论，该理论认为员工的激励程度来源于对自己和参照对象的报酬和投入比例的主观比较感觉。公平理论指出，人的工作积极性不仅与个人实际报酬多少有关，而且与人们对报酬的分配是否感到公平关系更为密切。人们总会自觉或不自觉地将自己付出的劳动代价及其所得到的报酬与他人进行比较，并对公平与否做出判断。

人们的积极性取决于他所感受到分配上的公正程度（即公平感），而人们的公平感取决于一种社会比较或历史比较。所谓社会比较，是指职工对他所获得的报酬（包括物质上的金钱、福利和精神上的受重视程度、表彰奖励等）与自己工作的投入（包括自己受教育的程度、经验、用于工作的时间、精力和其他消耗等）比值与他人的报酬和投入比值进行比较。所谓历史比较是指职工对他所获得的报酬与自己工作的投入比值同自己在历史上某一时期内的这个比值进行比较。每个人都会自觉或不自觉地进行这种社会比较或者历史比较。

养老金双轨制改革要体现出起点公平、过程公平、结果公平。机关事业单位作为与其他群体地位平等的社会公民，在其养老金制度方面，应该通过合理的制度设计加强与其他群体养老保险制度的衔接，注意与其他群体之间的公平性，不能造成过大的差距（主要指养老金待遇的差距）；同时又要考虑到机关事业单位群体的特殊性，在养老保险制度设计上把握制度的效率和激励性，提高机关事业单位工作人员的积极性。

公平是机关事业单位养老金制度的本质属性与首要功能，是制度建立与完善的核心价值理念；效率是促进机关事业单位养老金制度改革发展的重要衡量指标，也是促进制度公平的重要手段。公平与效率二者相互制约、不可分割，统一于机关事业单位养老金制度建立、发展和改革的全过程。

（三）中国养老金制度的公平与效率分析

自中华人民共和国成立以来，中国养老金制度的发展理念走的是追求公平—公平完全让位于效率—效率优先、兼顾公平—提高效率与促进社会公平相结合的道路。中华人民共和国成立之初，我们所追求的是一种整体水平较低的社会公平，包含平均主义的思想，对当时社会稳定有序发展发挥过积极的作用，保障了职工的基本生活，干部与群众之间并没有很大的经济社会差距。

自改革开放一直到20世纪90年代初期，经济建设成了举国之重，“以经济建设为中心”成为回旋在整个社会上空的主旋律，公平完全被抛在脑后，让位于效率，造成的结果就是我国社会领域的各项发展都严重滞后于经济领域，养老保险领域亦如此。

后来，社会公平开始得到人们的重视，但也排在效率之后，提出以“兼顾效率与公平”为原则，中国企业职工养老保险制度改革随即开始启动，“社会统筹与个人账户”相结合就体现出了这样一种理念。

进入21世纪，我国政府开始重视民生问题，社会建设开始与政治、经济、文化建设同样得到重视，养老金制度也在不断完善。自十七大之后，养老金制度中的效率价值和公平价值被放在了同一地位，社会公平重新得到重视。养老金制度由单一追求公平或效率，开始向效率兼顾公平转移。

养老金制度与经济发展密不可分，但同时考察养老金制度又需要超越经济领域的视角，对公平与效率问题进行价值分析与判断，从而做出适合一国或者一个地区的抉择。不可否认，从养老金制度运行本身来看，是否富有效率影响其促进社会公平作用的发挥。一方面，效率为公平提供物质基础，缺乏效率的公平充其量只能是低水平的公平；另一方面，公平是效率作用发挥的动力源泉，也是重要的实现条件，缺乏公平，效率也难以实现。只有二者协调发展，市场经济才能快速健康发展。不过，我们还是可以从中发现，单纯追求公平或是仅仅强调效率都不利于养老金制度的发展，公平与效率就像是一座天平的两端，保持适当均衡才会促进社会的良好运行。

第二节　养老金双轨制向并轨制改革的必要性与可行性分析

机关事业单位养老金制度的改革呼声愈来愈高，改革能否成功不仅关乎养老金制度本身的发展，还会对机关事业单位整个体制改革的进程产生影响。近年来，关于养老金双轨制造成社会不公的言论层出不穷，其愈演愈烈的态势严重威胁社会的长治久安。因此，研究机关事业单位养老金制度改革，不管从理论还是现实角度来看，都是具有重要意义的。

一、养老金双轨制存在的问题

养老金制度改革的不平衡发展造成了目前养老金体制双轨并存的局面，二者在基本制度模式、管理体制、待遇水平等各个方面都存在差异。养老金双轨制的弊端表现在：一方面，由于双轨之间运行机制的差异，劳动者难以实现在二者之间顺利转换，所以不利于劳动力在企业与机关事业单位之间的流动；另一方面，两种制度待遇水平有着较大差距，这种体制造成的差距本身也是不公平的。

（一）机关事业单位现行养老金制度的弊端

一是缺乏可持续性的筹资机制。一直以来，机关事业单位离退休人员的养老金支付都是由政府从当期财政收入中划拨资金来全额支付的，但在财政部门并没有专门的预算科目，而是根据每年的实际支出需要划拨，没有设立专门基金。这种现收现付制的养老金运作方式，在机关事业单位离退休人员数量较少的情况下可以顺利实施，但是随着机关事业单位离退休人数规模的扩大，政府各级财政用于机关事业单位养老金支出的负担变得越来越沉重。

二是养老金待遇计发方式不合理，带来诸多问题。机关事业单位人员的退休金计发方式是以退休前最后一个月的标准工资为计算基数的。这种做法的不合理体现在：其一，以最后一个月的标准工资作为计算基数，不能完全体现职工工作时的实际贡献，易出现退休前突击提级、涨工资等弊端；其二，由于中国机关事业单位标准工资由国家统一规定，且工资具有刚性特点，至退休前达到最高，所以以退休前最后一个月的标准工资作为计算基数，必然会导致替代率过高；其三，养老金增长机制没有进行科学规范设计，企业职工退休金近十年来每年上调 10% 只是临时性措施，并非制度调整机制，而机关事业单位离退休人员的退休金水平随着在职人员的工资进行同步调整，国际上的通行做法一般是将养老金增长与物价增长相挂钩；其四，只规定以最后一个月的标准工资作为养老金计算基数，但在职期间标准工资以外部分，特别是单位自行补贴部分的处理方式并没有明确规定，而是由各单位自行处理。这导致，一些单位严格按照退休前标准工资及法定比例发放，造成退休后养老金与在职时的实际收入差距很大，名义替代率高而实际替代率低；有的单位则将标准工资外部分给退休人员如数发放，不仅名义替代率高而且实际替代率更高，也导致不同单位间退休人员养老金的差距巨大。

三是以单位作为制度实施主体，导致养老金管理成本过高。养老金制度改革，很重要的初衷就是让单位能够摆脱办社会的沉重负担，成为真正的市场主体。企业养老保险制度的改革中，社会化一直是其重点，破除单位办社会的弊端，退休人员开始逐步摆脱对原单位的依赖，渐渐形成了以社区为基础的社会化管理和服务机制。与改革前的单位管理相比，整个制度的管理成本大幅下降。然而，我们看到，没有实现社会化管理与服务的机关事业单位离退休人员各项养老服务和管理，依然消耗着大量人力物力，降低了制度运行效率，增加了制度运行成本。

（二）双轨并存产生的问题

养老金双轨制的存在主要产生了两个方面的问题。

第一，影响社会公平。在市场经济条件下，不同就业领域存在的收入水平差距应该而且必须存在，这是由劳动者自身因素、个人先天能力、后天学习等方面限制的。养老金双轨制度的并存，有违社会对制度公平的要求。一个健全完善的养老金制度应该一视同仁地为全体社会成员提供公平的养老生活保障，这既是保证社会成员机会公平的需要，也是促进结果公平的需要。如果不解决养老金制度设计上导致的不公平，让社会成员只是因为所处社会组织的不同而使他们在养老金方面的负担和待遇不相同，那么这势必会加剧社会上的不满情绪和抱怨氛围，由此积累成社会不稳定因素。

第二，双轨制的存在阻碍了统一的人力资源市场建立。建立统一的人力资源市场是市场经济体制的基本要求，可以使劳动者在不同就业领域之间自由流动。而劳动力能够自由流动的一个重要条件，则是社会保障制度的统一，或至少能够转换、能够衔接。从中国的现实情况看，由于机关事业单位与企业在养老金制度上存在着较大差别，当劳动者从企业转到机关事业单位或从机关事业单位转到企业工作时，他们的养老金待遇却无法进行相应的转换和衔接，这就会对劳动者在企业和机关事业单位之间的正常流动、对统一的人力资源市场建立造成不可跨越的阻碍。如果一个劳动者想要从机关事业单位流动到企业，那么，他与一直在企业中工作的员工相比而言，退休后享受到的养老金待遇就会有很大不同。因为机关事业单位的养老金制度是没有个人账户的，而企业养老金制度中却有。如果两种养老金制度一直并行，那么选择从机关事业单位流向企业，这意味着职工的未来养老金待遇面临损失。反之，如果从企业向机关事业单位流动，其个人账户所积累的资金如何转移也是不易解决的问题。

二、养老金双轨制向并轨制改革的必要性与可行性分析

在改革的深入和市场经济体制确立的背景下，企业职工养老金制度改革的目标模式已经确定，政府机构及事业单位体制的改革也已提上议事日程，机关事业单位的养老金制度改革就变得十分迫切。企业主体曾经一直是中国经济体制改革的重点对象，早在20世纪50年代就已开始。而养老保险制度作为企业改革的重要配套措施，对其改革的要求紧跟其后，相比于机关事业单位改革的滞后，企业的改革经验为之提供了借鉴之处。

（一）养老金双轨制改革的必要性分析

1. 统一养老保险体系的需要

《社会保险法》提出要逐步实现基本养老保险全国统筹，机关事业单位改革是符合法律法规要求的。我国已经建立起覆盖企业职工、城镇居民、农村居民等不同群体的社会养老保险制度。城乡居民基本养老保险已经开始实施统一，统一的“社会统筹与个人账户相结合”的制度模式覆盖面不断扩大，只有机关事业单位工作人员在制度之外。

以统一的基本养老金制度为基础，再建立针对公务员群体的特殊职业年

金，是许多发达市场经济国家公共养老金制度发展的共同趋势，这样的制度体系包括了公共部门和私营部门的所有劳动者在内。美国曾长期设立单独的联邦政府公务员养老保险体系，但从 1984 年开始，联邦政府公务员全部参加联邦的社会保障项目，从而建立了几乎覆盖全社会劳动者的统一的联邦基本养老保险制度。

2. 统一人力资源市场的需要

企业职工养老保险分散、没有统一起来的时候，给劳动力的流动带来了诸多问题。农民工群体的养老关系转移接续问题等成为制约劳动力流动的重要因素。促进养老金双轨制的改革，可以促进劳动者在不同性质单位之间的正常流动，这不仅是建立统一开放的人力资源市场内在要求，也是合理配置人力资源的需要，更是机关事业单位自身改革和发展的要求。随着公务员人事制度的科学化和规范化，针对专业性较强的职位和辅助性职位可对公务员实行聘任制，全国事业单位也开始普遍推行聘任制。如果这些人群的养老金无法有效地转移接续，那将会严重影响到机关事业单位人事制度改革的顺利推进，影响到统一、流动、有序的人力资源市场的形成，以及人力资源的合理配置。

3. 社会公平的需要

双重制度间存在着突出的不公平问题。目前在机关事业单位工作的职工个人在养老金上不需缴纳任何费用，企业养老金制度改革后，劳动者个人则要按自己工资的一定比例缴纳养老保险费。在缴费问题上存在差距的同时，养老金的受益模式和计发办法不同及退休工资水平的差距，使得机关事业单位退休人员领取的养老金，事实上要比企业同类退休人员高出很多，这无疑使有关矛盾更为突出。

（二）养老金双轨制改革的可行性分析

1. 汲取企业职工养老保险制度改革的经验教训

企业职工养老保险制度已经走过二十多年的改革历程。在实践和探索过程中，企业职工养老保险制度的改革虽然出现过失误、问题，但也积累了丰富的经验。对机关事业单位养老金制度的改革而言，这些经验是一笔宝贵的财富。

第一，政府和社会各界对于养老保险制度改革的目标模式等改革方向问题已逐步达成共识。在企业养老保险制度建设上，以基本养老保险、企业补充保险（企业年金）和个人自愿储蓄组成的三支柱养老保险体系，是一种多层次的目标模式，不仅仅符合国际养老保险制度改革的方向，同样也成为机关事业单位养老金制度改革的方向。

第二，企业养老保险制度改革初步完成，对于如何从单一的现收现付制转向多支柱体系、转轨成本如何分担、新旧制度如何衔接、如何与其他改革配套等重大实际问题，既有失败的教训，也有可借鉴的经验。

第三，改革开放以来，在广泛的国际交流过程中，政府和学术界对其他国家养老金制度的组织方式、投资管理，以及实施改革等方面的经验、教训也有越来越多的了解，与各类国际机构的合作也越来越广泛。这也有助于中国在机关事业单位的养老金制度改革中少走弯路。

此外，自20世纪90年代中期以来，许多地方进行的事业单位养老金制度改革试点，一般也是参照企业养老保险制度改革进行，对公务员、事业单位职工的养老保险制度探索，这些都为机关事业单位养老金制度改革的可行性增加了筹码。

2. 政府机构改革、事业单位体制改革提供了契机

任何一项改革都会涉及各方面的关系，机关事业单位养老金制度的改革是一项复杂的系统工程，需要其他相关制度的协调配合。

养老金制度改革本身要求事业单位体制必须同步配套。依据职能对我国事业单位实施分类改革并在未来采取不同的组织模式，本质上就是调整政府与不同类型事业单位及其职工之间的关系，内容包括政府管理方式、投入与支持方式、职工身份等。目前，大部分事业单位包括退休人员养老金在内的所需经费都直接来自财政拨款。进行改革，则意味着不同类型事业单位的经费来源及管理方式要进行大的调整。在此情况下，政府没有必要，也不可能通过财政当期拨款以现收现付方式，来解决以上所有机构退休人员的养老金问题，必须实施新的模式。

除了调整与政府的关系之外，事业单位体制改革的另一项重要内容是调整其内部的组织管理方式，核心内容就是要进行全面人事制度改革。此外，事业单位布局不合理、重复建设、“单位办社会”、内部冗员等各种问题也必须在改革中予以解决。如果没有养老金制度以及其他制度的联动改革机制，机关事业单位的各类改革目标就难以实现。国有企业早期改革中因社会保障改革滞后而出现“改不动”的情况，将有可能在机关事业单位改革过程中重现。所以，应抓住政府机构、事业单位改革的契机，将养老金制度改革与其他改革配套进行，从而推动改革向纵深方向发展。

第三节　国外公务员养老保险制度及启示

每个国家的公务员养老金制度自建立起都或多或少进行过改革，既有建立在原制度基础上的修修补补，也有激进式的制度转换。不论哪种方式，不管具体改革措施如何，其中均有中国机关事业单位养老金制度改革借鉴之处。

一、美国公务员养老保险制度

1920 年以前，美国联邦政府并没有为公务员建立专门的退休养老制度，公务员主要靠自己和家庭养老。正式的公务员退休制度建立于 1920 年，由雇主和雇员共同缴费，根据工资水平和服务年限在退休后领取相应的退休金。20 世纪 70 年代后，美国政府对原退休制度进行了改革，经过十多年的探索，到 20 世纪 80 年代后期，形成了现在的联邦雇员退休金制度。

（一）联邦公务员退休金制度

早在 1920 年，为了提高公务员工作效率和增加公务员队伍活力，美国联邦政府就建立了公务员退休制度。在 1939 年、1956 年、1969 年分别对该制度进行了修改。待遇确定型是联邦公务员退休金制度的基本特点。

联邦公务员退休金制度由政府和雇员共同缴纳工薪税，这一税率为 14%，雇员缴费直接从工资中扣除，联邦政府（雇主）和雇员分别承担一半，各缴纳 7%。雇主和雇员的缴费不足支付退休金的部分由联邦政府财政承担。工作年限和工资水平是公务员退休金收入的决定因素，退休后获得的退休金待遇与工作年限、工作期间的工资水平成正相关关系。由联邦人事管理局负责对联邦政府公务员的养老保险制度全面管理，在不同的养老保险层次又分别设立相应的管理机构。

（二）联邦雇员退休金制度

20 世纪 80 年代后期，美国建立联邦雇员退休金制度，这是针对之前公务员退休金制度进行改革后的制度，实际上是一个体系，由三个层次构成——一般的社会保险计划、待遇确定型退休金计划以及联邦节俭储蓄计划。

联邦政府雇员退休金制度中的社会保险计划与普通国民一致，其筹资和待遇支付按照美国老年、残疾与遗属保险制度的相关规定执行，目前这一制度已基本覆盖美国的全体就业人员。

联邦政府雇员基本养老保险制度是为联邦政府公务员专门设立的养老保险制度，是联邦政府雇员退休金制度的重要组成部分，是一项待遇确定型退休金计划。资金由雇主和雇员的缴费构成，但由雇主缴纳主要部分，雇员只需缴纳很小比例的费用。

联邦节俭储蓄计划。这个层次与私人部门一样，通过建立个人账户进行储蓄积累，实行完全积累制，主要由雇员个人进行缴费，强调个人缴费责任。

（三）美国公务员养老保险制度的特点

美国公务员的养老保险制度，主要内容包括：第一层次基本覆盖了美国全体劳动者，是国民基本社会养老保险制度，不论是公务员还是私人部门，都统一对待；第二层次为联邦政府雇员基本养老保险制度，是政府为公务员设立的养老保险制度；第三层次是以个人为主缴费的储蓄养老制度，即联邦节俭储蓄计划。

美国公务员养老保险制度的特点有以下几个。

一是制度属于补充型。既有与其他群体养老保险制度相同的部分，也有独具公务员特色的部分。社会养老保险制度几乎覆盖全体国民，而在此基础上，公务员群体有其独立的制度安排，以此体现公务员的职业特色。

二是制度呈多层次性。改革后的美国公务员养老保险制度包括了三个层次，既有与普通国民相同的社会养老保险制度，也有由雇主主要缴费的养老保险以及节俭储蓄计划。此外，公务员还可以参加一些个人养老计划，这些构成了一个多层次的养老保险体系，满足公务员退休后不同需求。

三是资金筹集由不同主体共担。美国公务员养老保险制度的资金筹集既非完全由政府来承担，也非完全由个人来承担，而是发挥政府与个人的共同作用，在强调个人尽责的基础上，也重视发挥政府的作用。

四是制度实行部分积累制。第一层次公务员与普通国民相同，实行的是现收现付制度，第二、三层次实行的则完全是积累制模式，在整个养老保险制度体系中，现收现付制与基金积累制并存。

（四）美国公务员养老保险制度的主要成绩与问题

美国公务员养老保险制度从旧制度转变到新制度，关键在于从待遇确定型向缴费确定型的转变，逐步建立起了多层次的制度体系，实现了公务员群体与其他国民群体养老保险制度的相对统一，在强调公务员个人责任的同时，也注重养老保险基金的管理和投资，制定了较为完善的管理体制。这在一定程度上提高了制度运行的效率，对促进公务员养老保险制度可持续发展和更好保障公务员的养老权益发挥了重要作用。

美国公务员养老保险制度注重追求经济效率和财务的可持续性，而相对忽略了制度的公平性。存在公务员内部之间的收入差距和家庭负担差距。低收入的公务员并没有享受特殊的待遇，而是与中、高收入群体一样对待。对低收入的公务员而言，这种以自我积累为主的养老保险制度不仅会带来更大压力，而且也容易造成公务员内部之间的养老保险待遇差距过大。

二、新加坡公务员养老保险制度

新加坡的公务员养老保险制度历史并不悠久，刚开始对公务员群体实施的是退休金制度，随着新加坡整个社会保障制度的改革，以中央公积金局为主体的框架逐渐覆盖全部领域，公务员的养老金制度也逐步过渡到中央公积金制度。公务员的中央公积金制度在各项运行机制、管理服务上，和企业职工一样都由中央公积金局统一进行管理，并强调由公务员个人进行缴费积累的责任。从1972年到1986年，大部分的公务员群体都被逐渐纳入了中央公积金制度。

（一）公务员退休金制度与中央公积金制度

新加坡的公务员退休金制度主要对象为1972年以前退休的公务员，实行现收现付制，个人承担一部分的缴费责任，但主要由财政负担。

不论是企业职工，还是政府雇员，中央公积金制度是一项强制性的储蓄计划，面向所有受雇人员。1972年以后加入公务员队伍的人必须参加，而1972年之前加入公务员队伍的人可以选择加入中央公积金制度，没有加入退休金制度的人都要加入该制度。制度统一后，无论是公务员还是私营企业雇员，都要按照规定向中央公积金缴费进行积累。

中央公积金制度的筹资机制是由雇主和雇员共同承担缴费责任。从公务员群体来看，分为有退休金享受资格的公务员和无退休金享受资格的公务员两种，后者与私人部门的缴费率和分担比例完全相同。

中央公积金局是一个半官方性质的独立机构，设立目的在于确保公积金管理机制的高效运行，防止政府的过度干预。中央公积金局是人力资源部（原劳动部）的一个职能部门，既具有政府部门的权威性，又有在全国范围内统一管理的独立性，免受过分干扰。中央公积金局的主要责任包括管理全体国民的公积金，执行人力资源部的相关政策，并接受其监督。

新加坡的公务员养老保险制度的发展经历了从独立到统一的过程。这个发展过程是一种自然选择，适用于新加坡的国情。它追求公务员与其他群体的平等，在养老保险制度上实行统一规范，注重整个养老保障制度的运行效率。新加坡公务员养老保险制度的改革过程是循序渐进的。

（二）新加坡的公务员养老保险制度特点

新加坡的中央公积金制度是世界上一种主要的社会保障制度类型。在此基础上，它的公务员养老保险制度可概括为融合型，公务员与企业职工不分彼此之间的岗位差异、身份差异，实施统一的公务员与私人部门养老保险制度，都是中央公积金制度的组成部分，并具有以下特点。

一是统一的制度。这要求所有人都要进行缴费积累。中央公积金制度囊括了绝大部分公务员和私人部门的就业人员，制度上几乎实现了所有就业人员的全覆盖。虽然还有少部分改革之前参加工作的公务员属于公务员退休金制度，但随着这部分人陆续退休，退休金制度覆盖的人口将越来越少。

二是统一的管理。新加坡始终以法律作为政策实施的依据，《中央公积金法》是全国制度运行的基础。统一按照《中央公积金法》的规定来实施各项政策，由中央公积金局进行管理是公务员与其他群体的养老保险制度统一管理的表现。

三是强调个人责任。中央公积金制度建立之初，人们曾经质疑过其缺乏社会互济，怀疑是否能将其作为一种社会保障制度。该制度后来的发展表明，强调个人责任是现实境况的选择，养老压力下，个人必须为自己负责，不能完全依赖于政府包揽，个人责任体现在由公务员个人承担大部分缴费责任，向中央公积金账户进行缴费积累，同时享受基金投资所带来的收益。

四是重视效率与激励。提高中央公积金制度的效率体现在对公积金账户进行投资并获取收益，激励体现在通过将公务员的个人缴费与养老金收益联系起来调动公务员的缴费积极性。

（三）新加坡的公务员养老保险制度成绩与问题

将公务员养老保险制度纳入统一的中央公积金制度，自建立以来不断改革和完善，取得了一定的成绩。政府每年都会对公务员群体的工资和私营企业人员的工资进行调查比较分析，了解公务员与私营企业人员的工资水平，确保二者的工资接近、差距不致过大。一般情况下，高级公务员的工资比企业要高，一般公务员的工资也与私营企业人员接近，这也是公务员养老保险制度与私营企业人员趋于一致的重要原因。

但是，单一的养老保险制度难以分散风险，也不利于满足多样化的养老需求。新加坡将公务员与其他群体养老保险制度完全统一起来，一定程度上会影响公务员的工作积极性，体现不出公务员群体的职业特点，影响制度应有的激励作用。

三、德国公务员养老保险制度

德国的政府雇员主要包括三类：官员、职员和工人。官员即公务员，包括联邦、州及地方三级的公务员，一般是指专门从事国家行政和业务工作，履行国家管理义务的人员。

（一）德国公务员养老保险制度简介

德国由联邦内政部和财政部作为公务员养老保险制度的管理部门，二者职责权限分别为，由联邦内政部制定公务员退休的方针政策并执行；由财政部负责管理公务员退休费用的筹资与待遇支付事宜。

德国的公务员养老保险制度实行现收现付制，通过一般税收进行融资，公务员个人无须缴费。和中国机关事业单位的退休金计发方式类似，德国公务员退休金的计算基础为退休前最后一个月的工资和允许退休时的工龄，所需资金全部由国家负担，并列入年度财政预算。

德国公务员与其他群体养老保险制度基本是各自独立运行，体现在：在资金筹集上，公务员不需要进行缴费，完全由国家财政负担，而其他群体则需要缴费，一般由雇主和雇员平均分担，或完全由个人负担。在待遇计算上，对公务员比较慷慨，而私人部门的养老金计算则需要考虑各种限制性因素。在管理体制上，德国实行的是公务员与其他群体的养老保险制度由各自独立的部门分别进行管理，不同群体之间独立实施自治管理体制。在法律法规方面，公务员依据的法律法规一般不同于其他群体，往往有专门的制度规范来参照。

（二）德国公务员养老保险制度特点

德国是最早建立起现代社会保险制度的国家，而其公务员养老保险制度也呈现与其他国家不同的特点。

一是属于独立型的制度模式。从公务员群体与其他群体之间的关系看，德国与我国目前的公务员养老金制度比较相似，即维护公务员（我国是机关事业单位人员）群体作为社会精英阶层的特殊性，突出了公务员的职业特点，这就解释了其设立独立型制度的初衷。实行独立型公务员养老保险制度不仅与公务员本身的职业特殊性有关，而且与德国的国家合作主义传统密切相关，强调社会不同阶层的层次性与合作性。德国注重公务员对国家的忠诚，通过独立的公务员养老保险制度为公务员群体提供优越的养老金待遇，以增强公务员对工作的积极性和忠诚度，从而维护整个社会阶层的稳定。

二是实行现收现付制的筹资机制。这点与德国整个社会保险制度的筹资模式一致，即当期的筹资用于发放当期的养老金需要，不进行基金积累。这种筹资模式虽然方便管理，但随着老龄化的加剧也显现出很多弊端。

三是公务员养老完全由国家负责，忽视个人责任。德国的公务员养老保险制度具有较强的国家保障特点，主要体现在两方面——缴费分担和服务管理。一方面，养老资金通过税收进行筹资，完全由国家财政负担，达到退休年龄后，个人按规定领取养老金；另一方面，公务员养老事务的各项管理都是由政府专门部门负责，与其他群体的养老实行分开管理。

总之，德国公务员养老保险制度的立法者、筹资人和管理者都是国家，在这一意义上，国家扮演全能角色。

（三）德国公务员养老保险制度存在问题

一是阻碍了政府部门与企业之间的人员流动。德国的公务员养老保险制度实行独立模式，与其他群体的养老保险制度相互独立、封闭运行，基本无法衔接，与德国的市场经济模式并不完全相适应，阻碍其吸引优秀人才，也不利于合理配置国家的劳动力资源。

二是现收现付制完全由政府负担的筹资机制不利于制度的可持续性。现收现付的筹资机制虽然方便管理、市场风险小，但其难以保持公务员养老保险的可持续发展。从责任分担机制来看，完全由政府财政负责的机制既加重了政府财政负担，也容易分散政府的资源和精力，也不利于增强公务员主体的激励性和效率。

三是公务员与其他群体之间存在较大的养老金待遇差距，有碍于社会稳定与团结。过于强调公务员的特殊性，为公务员提供优厚的养老待遇，容易导致不同群体之间的相互攀比，造成了公务员与其他群体之间的待遇差距较大，有可能引发社会矛盾，不利于社会团结。

四、国外公务员养老保险制度类型比较及其对中国的启示

美国的补充型、新加坡的融合型、德国的独立型，不管哪种公务员养老保险制度，对于我国机关事业单位养老保险制度改革制定清晰的改革方向与目标模式，无疑都具有一定的引导作用。通过对国外公务员养老保险制度的分析，我们在模式选择、制度建设、方案设计、管理体系等各方面能够吸取有益养料，为中国机关事业单位养老保险制度的定型提供参考。

（一）国外公务员养老保险制度的比较分析

将公务员和其他群体养老保险制度的关系作为划分依据，可以将国外公务

员养老保险制度分为三类：补充型、独立型与融合型。

筹资机制的不同对养老保险制度运行效率与公平具有重要的影响。一般而言，现收现付制较能体现公平性，完全积累制则更加注重效率，部分积累制则介于二者之间，也是多数国家改革所选取的模式，以期能够实现公平与效率的结合。

缴费确定型的待遇支付具有较强的激励性，突出个人责任，不同职工退休待遇差距较大；而待遇确定型则较强调公平性，突出的是国家或政府的责任，退休人员之间的待遇差距相对较小。

由政府统一实施的养老保险管理体制相对于分散独立的部门机构，具有较高的效率，也利于不同事务之间的协调。在基金的管理与运行上，通过引进竞争机制，引入市场化因素，可以提高管理效率与投资收益。

总体来看，美国的公务员养老保险制度属于补充型、责任共担型、多层次的制度模式。从比较来看，这种类型相对较好地平衡了公平与效率的关系，与其他两种类型相比，具有较高的可参考价值。美国的公务员养老保险制度虽然形式上实现了部分融合，但公务员群体之间、联邦与地方之间，养老待遇差距仍然较大，并没有体现出社会的公平性，这和美国的个人自由主义思想密切相关。新加坡不仅在全球树立了积累制的社会保障制度典范，其公务员养老保险制度也独具特色，同样纳入中央公积金制度，属于自我积累型、与其他群体无异的融合型制度，由国家统一的机构进行管理。完全统一的养老保险制度标准，体现不出公务员群体的特殊性，虽然具有较高的制度运行效率、较大规模的基金积累，但公平性得分较低，且保障层次也很单一。德国是合作主义、威权主义统治下的国家，它所实行的公务员养老金制度属于独立型，公务员作为社会精英阶层，与其他群体养老保险制度相互独立、并列运行，不管是具体的管理实施，还是缴费机制和待遇水平，是完全不同于其他群体的养老保险制度。这种制度采取待遇确定型，确保较高的待遇水平，同时也是现收现付的方式，由政府财政负责。从比较结果来看，在公平性与效率性方面都不太理想，而且单一的养老保障层次，由国家完全承担公务员的养老支出也非公平之举。

（二）国外公务员养老保险制度的启示

“他山之石，可以攻玉。”美国、新加坡、德国的养老保险制度，相对于我国的机关事业单位养老金制度，无疑是具有借鉴价值的。改革和完善我国机关事业单位养老金制度，需要学习他国的成功之处，以美国为代表的补充型公务员养老保险制度是未来制度改革的方向，所谓的“补充型”，体现在“存同求异”，制度体系一般由全民一致或相近的养老金计划和特别的公务员职业养老金计划构成。

一是改革必须与国情相适应。从不同国家公务员养老保险制度改革发展的历史进程与实践过程来看，世界上没有两个完全一样的制度模式，同样同一个制度模式不能适用于一个国家的不同发展阶段。各国国情各具特色，我们必须正视这一现实，因为这是公务员养老保险制度差异产生的根本原因，也是各项改革进行的现实依据。国情的不同主要体现在政治体制、经济体制、历史文化传统、社会发展现状、未来趋势等方面。任何不适应国情的改革都很难取得成功，中国机关事业单位养老金制度的改革必须始终与我国国情结合，否则不利于社会经济的整体健康运行。

二是建立与完善多层次的养老金制度体系。单一的制度难以抵抗现实的巨大风险，建立多层次的养老金体系，是抵抗风险的良好制度机制。这不仅在世界各国养老保险制度改革与发展过程中得到了验证，同样也是没有采取这一体系的国家公务员养老保险制度改革的方向和选择，是各国公务员养老金制度选择走向补充型的路径之一。

三是改革过程中注重公平与效率的结合。促进公平与效率的有效结合，既是目标又是手段，是确保机关事业单位养老金制度改革成功的重要因素。过度注重公平容易损害机关事业单位工作人员的积极性，过大的差距则造成社会不公平感，度的把握是关键。目前的机关事业单位养老金制度，既缺乏效率，又难以调动在职职工的工作积极性。显然，贯彻“公平与效率均衡发展”的原则是接下来我们要做的。这一原则可以避免长期片面追求“效率优先”或“公平优先”之误区，并且符合社会对公平与效率的动态变化需要。因而“公平与效率均衡发展”不仅是一种客观要求，也是一种科学表述。

四是建立责任共担的筹资机制。国际经验告诉我们，建立责任共担的筹资机制，是确保机关事业单位养老金制度未来财务可持续的关键措施。政府对国民的基本生活提供保障是义不容辞的责任，而个人也具有不断提高退休生活水平的切身需求，共担机制的建立是二者结合的纽带，同时可以减轻政府财政负担和压力，增强个人的责任意识。这种筹资机制具有现实基础，同样对现实也具有指导意义。

五是改革的目标模式应选择补充型。这里补充型并不是指机关事业单位与其他群体养老保险在制度模式、筹资与待遇标准等方面完全一样，而是坚持公平优先的原则，倡导在统一的基础上体现差别。在基础制度安排上公务员与其他群体是统一的或者比较接近，在此之后通过其他制度安排体现其特殊性。走向补充型的制度是各国公务员养老保险制度改革的发展趋势，只是在补充型的建立过程中，不同国家的补充程度不同、融合的速度有所差别。

第四节 中国养老金双轨制向并轨制改革的成效、注意事项与措施

养老金并轨指对机关事业单位工作人员实行和企业职工一样的基本养老保险制度。其目的在转机制，而非降待遇。改革可能需要财政的大力支持，适当调整公务员和事业单位职工工资水平，弥补因个人缴费而增加的支出，维持改革前后职工的基本生活水平。2012 年 3 月，这一制度在全国“两会”上引起代表委员们的关注和热议，对当前的养老体制进行改革、取消养老金双轨制的呼声高涨。2013 年 12 月，人社部确定养老金双轨制并轨方案。2014 年 12 月，机关事业单位养老保险制度改革方案经国务院常务会议和中央政治局常委会审议通过。随着机关事业单位基本工资标准的调整全面完成，养老金并轨也正式进入实质性启动阶段。

一、养老金并轨改革成效

2015 年 1 月 14 日，国务院发布《关于机关事业单位工作人员养老保险制度改革的决定》后，事业单位工作人员的医疗和养老保险进入了市场化，和一般的企业职工缴纳社保的制度是一致的，养老保险都需要个人负担 8%，单位负担 12% ～ 20%。截至 2018 年底，全国已有 26 个省区落实了养老金并轨改革。根据人社部、财政部的通知，从 2017 年 1 月 1 日起调整企业和机关事业单位退休人员基本养老金水平，同比上调 5.5% 左右。全国 31 个省（区、市）已全部公布养老金调整方案，普遍采取了定额调整、挂钩调整与适当倾斜相结合的调整办法。这是第二次企业和机关事业单位退休人员同步调整基本养老金。与 2016 年相比，实现二者调整办法完全统一的省份增加了，包括浙江、陕西、广东、新疆、湖北、甘肃、内蒙古、江苏、福建、安徽等地。以浙江为例，该省首次实现了企业和机关事业单位退休人员调整办法的完全统一。不管是定额调整，还是和缴费年限、基本养老金水平挂钩的调整，企业和机关事业单位退休人员的调整标准都相同。不过，机关事业单位基本养老金水平本身较高，在这个起点上统一调整，并不能缩小差距。因此，江苏省特别提出，企业退休人员人均调整幅度将超过 6%，机关事业单位退休人员人均调整幅度在 4.5% 左右，进一步缩小两类人群基本养老金的相对差距。2018 年，养老金迎来连续调整，

是自2014年10月1日机关事业单位养老保险制度改革以来第3次按照基本养老金调整办法调整待遇，也是企业和机关事业单位退休人员第3次同步调整待遇，充分体现了制度公平、规则公平和社会公平。江苏省全省企业退休人员人均基本养老金调整幅度将达到5.5%左右。机关事业单位退休人员人均基本养老金调整幅度将控制在不超过4%。此举将进一步缩小机关事业单位和企业退休人员之间的基本养老金水平相对差距。江西省总体调整水平按照略高于全省2017年退休人员月人均基本养老金的5%、企业平均增幅略高于机关事业单位平均增幅的原则确定。安徽省企业退休职工养老金调整幅度是5.5%，而机关事业单位退休人员养老金调整幅度是4%。从近两年的养老金改革落地省份来看，江苏省、江西省、安徽省等地企事业单位养老金上调相比机关事业单位涨幅略高。

二、我国养老金并轨后的注意事项

由于我国机关和事业单位基本养老保险改革深入，伴随着我国老龄化加重的社会现实无形中加快了我国尚未成熟的养老保险体系的改革进程。有研究发现，我国现行的“统账结合”的基本养老保险制度还不完善，存在一些问题，我国机关和事业单位养老基金并轨后的收支平衡仍存在以下几点问题。

我国现在实行的是“社会统筹与个人账户相结合”（统账结合）的模式，属于基本养老保险三种筹资模式（现收现付制，完全基金制，部分积累制）中的部分积累制，而部分积累制因易受缴费率、替代率、赡养率、通货膨胀、人口因素的变动影响，估算较为困难。

我国基本养老金制度的改革是从城镇企业开始的，造成了我国现行养老金制度存在面向企业的“统账结合”制度，及面向机关和事业单位的现收现付制度，形成了目前的双轨制现象。同时由于我国的企业也是从原有现收现付制过渡到“统账结合”的部分积累制，随着人口老龄化，使得隐性债务显性化，同时为实现国家级统筹，使得基本养老保险基金面临着巨大的债务缺口。因此实现并轨，将机关和事业单位现收现付制转入统账结合制，实现企事业单位人员养老保险制度的统一势在必行。通过并轨在维护社会公平的同时，能够降低机关和事业单位养老金支出相对水平，达到“统账结合”制度下的收支平衡。

对机关和事业单位并轨后，考虑到机关和事业单位人员结构相对固定，随着年限的增长，未来退休人员及在职人员比例将趋近于固定比值。因此可以认为，通过采用“统账结合”部分基金积累制的养老模式，对于机关和事业单位人员养老支出来看，能够基本实现收支平衡。但由于未来经济结构、事业机制改革、工资调整、人口寿命、通货膨胀等因素的存在，可能影响未来机关和事业单位养老金收支平衡。要想实现机关和事业单位养老金制度改革，必然在改革进程中涉及改革成本问题。通过测算，若一次完成世代账户转轨成本将占用较大比重的当年财政收入，而通过到期账户分期支付的形式能够降低年度养老金改革转账成本占当年财政收入的比重，具有可行性。

双轨制改革势在必行，其改革能够兼顾社会公平和效率，实现一段时期内机关和事业单位在养老金支出上的收支平衡，减轻目前财政对机关和事业单位养老的补贴负担，但是由于转轨成本仍占有一定的比例，因此在转轨过程中，应重视转轨成本的控制。面对转轨存在的问题，结合转轨后影响收支平衡的因素，在国家政策上，可以通过统一机关和事业单位转轨时间节点，做好“中人”基本养老金计发，确实落实职业年金，实现年金增值，认清转轨财务负担，优化弥补债务方案，明确政府在转轨中的责任，保持转轨的进程力度，确保转轨的顺利进行，并实现未来收支平衡。

三、养老金并轨后续措施建议

（一）同步改革机关和事业单位养老保险制度

由于我国机关和事业单位改革从部分省市地方展开，造成了我国目前机关和事业单位养老保险制度改革的“碎片化”现象。就目前现行的养老保险制度也是如此，主要分为企业、事业、机关不同的养老保险制度。从国际一些养老保险制度改革的经验来看，将机关和事业单位视为统一，并一起进行改革，是符合改革要求的。因此，我国机关和事业单位养老保险制度改革不能分开单独进行，改革应统一进行。通过建立统一的机关和事业单位养老管理体制，消除改革中存在的攀比现象，避免未来在改革过程中，造成两类人在养老金收入上的差距，通过提高养老金的社会统筹调控能力，确保养老金资金保值，规避养老金基金风险。

（二）切实做好“中人”的基本养老金计发

任何改革都会涉及改革期内“中人”的利益平衡问题。如此在转轨期应切实做好“中人”过渡性基金的计发标准，是养老金改革问题中需要切实解决的问题。按照“老人老办法、新人新办法”的改革原则，机关和事业单位养老保险制度改革前，退休的老人按照原来由各级财政拨付退休金的办法统一安排，新人则完全按新办法执行，剩下处于老人与新人之间的“中人”，新养老保险制度推行前有若干年没有缴费，使“中人”养老保险社会统筹基金和个人账户基金形成缺口，产生基本养老金和职业养老金隐性债务，因此国家必须统一制定养老金债务弥补方案，弥补因改革造成“中人”隐性债务的问题。而“中人”在改革中的构成比大小，决定了这笔支出的规模，即“中人”占比重越大意味着隐性债务越大。因为我国人口老龄化进程的加快，未来“中人”占比会越来越高，如果不及时弥补养老保险隐性债务，势必影响养老金的支付，导致养老保险收支的不可持续。建议可以通过投资国债，或养老金入市等手段实现养老金的增值，弥补养老保险隐性债务。此外，为了确保“中人”退休待遇不降低，可以采取新制度推行前的工作年限按老办法计算养老金，新制度推行后的缴费年限按新办法发放养老金。根据新制度推行前“中人”参加工作的年限不同，形成有梯度的退休工资计发标准，确保改革的顺利进行和可持续发展。

（三）落实职业年金，实现年金增值

根据2015年国务院办公厅关于印发《机关事业单位职业年金办法的通知》要求，我国机关和事业单位自2014年10月1日起开始实施职业年金制度。目前职业年金按计发办法可以分为待遇确定和缴费确定两种基本模式。国外公职人员实行的是待遇确定模式，而企业的企业年金一般实行的是缴费确定模式。如何设置机关和事业单位职业年金的筹集方式、计发标准、目标替代率设置的百分比、加强监管、实现投资收益，是我国养老“并轨”再向前推进的关键。就目前职业年金运行经验来看，可通过落实职业年金调整，来确保未来支付水平。从国际年金管理的方式上，可以提出年金应为个人的完全积累形式，政府或部门应建立年金理事会管理，监管基金的投资运营，实现基金增值功能，并确保基金安全。

（四）认清转轨财务负担，优化弥补债务方案

转轨后政府财政承担的主要支出包括以下几方面：事业单位经费供应；机关和事业单位养老保险转轨成本；转轨后基本养老保险基金中的社会统筹部分；职业年金中单位缴费部分；“老人”的退休金发放；“中人”养老金隐性债务。因此可提高社会统筹等级，打破地方养老金统筹基金的独立性，从经济发达地区支取部分基金用于支付经济欠发达地区的养老金支出，降低因财政补贴对养老金收支平衡的影响作用。

（五）适当推行延退政策

由于我国人口基数较大，以及计划生育的实行，使得我国人口老龄化趋势凸显，导致我国养老金隐性债务缺口增加，因此适当推行延退政策能够从一定

程度延缓养老金风险。但是延迟退休在目前社会中存在不同的观点，反对观点认为，由于机关与事业单位在职人员较为固定，一旦延迟退休将影响年轻人的就业机会；而支持观点认为，随着人口寿命的增长及生活水平的提高，应该让有能力和精力的人为国家多做贡献，一方面能够发挥个人的社会价值，另一方面能够弥补养老金空账问题，缓解财政压力。因此在制定延长退休政策上，应注重平衡两方面的观点，提出适当的解决方案。

（六）寻求合理的保值增值渠道

实现养老金与资本市场运行结合，实现养老金增值，是目前养老金保值增值的热议话题，如目前养老金入市成了多方关注的问题。由于我国养老金长期处在分散管理状态，及我国养老金保值途径来看，目前我国养老金80%左右用于购买定向国债或存入银行，而随着通货膨胀及银行利率降低，以及国际金融风险，使得养老金存在隐性的贬值风险。市场化和资本化运营是目前养老金运营管理的国际趋势。寻求未来养老金保值增值的渠道，是保障未来退休人员收入水平和减轻财政压力的重要解决途径之一。目前较为流行的保值增值途径多是养老金保险体系设计、运营体系设计、监管体系设计、监管方式、证券市场投资渠道等。

第八章　中国居民个人养老基金投资有效性研究

在金融动荡频率不断增加的情况下，金融危机对全球养老基金的影响主要体现在：一是市场价格下跌导致养老基金账面资产严重缩水，长期投资和理性投资的理念重新得到重视，即重视长期平均回报，而不过度关注年度损益；二是投资风险上升降低了养老基金的风险偏好，养老基金更偏爱委托投资和被动投资的投资策略；三是养老基金的风险管理意识增强。由于各类资产间的相关性是不断增加的，简单地将资产类别的历史相关关系外推到未来，很可能因没有考虑到风险的动态特征导致错误的配置结果，因此投资风险管理必须采用“风险配置”的方法进行动态管理。同时，我国城市化进程的加速也必然带来对基础设施服务和投融资的旺盛需求。但目前基础设施投资直接表现为有效投入不足和建设资金短缺，导致基础设施建设的供求矛盾十分突出。因此，从未来的发展方向看应该积极构建多元化的融资平台，创新基础设施的投融资工具，开辟长期资金（如养老基金、保险基金、储备基金等）进入基础设施领域的渠道，这样正好契合养老基金保值增值的现实需要。

第一节　养老基金投资与经济增长的互动关系

随着人口出生率的下降和预期寿命的延长，人口老龄化对消费、储蓄、劳动力供给、生产率提高及社会保障等带来严重的负面影响，尤其是对养老保障可持续发展的威胁已成为世界各国必须共同关注的重大课题。人口结构的老龄化和高龄化不仅减少养老保障制度的缴费收入，影响养老基金的投资收益，更重要的是延长养老基金的给付期限，在福利刚性的需求和少收多支的情况下，养老保障制度的财务可持续性面临严峻挑战。养老基金缺口和隐性养老金债务的规模日益扩大，更是降低了政府的公信力和国民对养老保障制度的信心。

一、养老基金投资的理论基础

（一）艾伦条件和帕累托改进

从养老保障制度的分类维度看，其融资方式包括现收现付制和基金积累制，其给付方式包括待遇确定型和缴费确定型，相互组合就构成了四种制度运行机制，到底应该采用何种机制则应根据其运行条件、运行效率和是否对现有机制产生帕累托改进而定。

第一，现收现付养老保障制度的财务平衡机制是“收支平衡，略有结余”。它是由制度内的缴费人口共同负担退休人口的养老金。早在 1958 年，萨缪尔森就通过两期世代交叠模型从经济学角度探讨了该制度的内部收益率。在人口结构稳定增长的情况下，除工作人口将获得正隐性收益率外，还为第一代退休人口提供了一期的额外收益。当经济中不存在资本市场和持久的资本资产时，引入现收现付制度是一个帕累托改进的政策。

第二，完全基金积累制养老保险制度的财务平衡机制是以收定支，即退休时养老金积累终值 = 未来养老金给付现值。相当于每一代工作人口根据其工资收入的一定比例缴费，再由公共或私营的养老基金管理机构对其进行投资运营，在退休时根据金融市场的资本报酬率获得养老金给付。当经济处于黄金增长路径之上时，资本市场的毛利率应该为 $r=n+g+\delta$，净利润为 $r=n+g$，n 为人口增长率，g 为劳动生产率增长率，δ 为资本折旧率。此时养老基金投资运作的实际收益率为 $r=n+g$，它与现收现付制的内部收益率完全一致。因此，只要经济增长的最优储蓄率能够得到保证，养老金增长的物质基础是完全一样的，即下一代就业人口的增长和他们劳动生产率的提高。巴罗在 2000 年就曾指出“产出及其增长即解决养老问题的关键，现收现付制和基金制的争论只不过是对今后产出的索取权的不同而已。”针对中国目前人口结构转变（老龄化加速）、经济增速放缓（在发展中国家仍较高）、国民储蓄率居高不下的情况，只有提高劳动生产率才能进一步增加社会总产出，提高养老基金的投资收益率，进而增强养老保障制度的稳定性和可持续性。

（二）现代资产配置理论

现代资产配置体系大体上分为三个层次，即战略资产配置、战术资产配置和资产配置的适时管理。对于规模庞大、可投资期长的养老基金而言，合理的资产配置策略将有助于发挥养老保险制度的投资功能和经济保障功能。具体来讲，养老基金战略资产配置位于投资政策的决策层次，主要任务是在控制养老基金总体风险的基础上确定养老基金投资的资产类别及其各类资产的长期投资比例（通常 5 ～ 10 年）。在此过程中，投资者需要确定可投资的资产类别、预测各类资产的预期长期收益、长期风险和相关关系，运用最优化技术计算各类资产长期最优的投资组合集，最后在可容忍的风险水平上形成战略资产配置计划。它是养老基金的长期投资目标和风险政策在投资政策层面的具体体现，是引导养老基金进行长期投资和价值投资的配置基准，具有预设性。它与购买股票或债券并长期持有的策略存在本质区别。在实践操作中，它主要受到投资目标和风险政策、可投资的资产类别、法律法规约束、投资期限、数量化模型局限性等因素的影响。从国外大型养老基金的战略资产配置看，其投资于股票、债券、银行存款及现金等价物的资产比例固定在 60%、30%、10% 附近，并且允许基金经理以该比例为基础上下浮动 5%。

然而，战略资产配置所需要的信息主要参考均衡状态下资产的收益和风险特征，这与资产在短期内往往偏离均衡状态的情况明显不符，必须针对这种内在缺陷进行战术资产配置。它是一种更为短期的投资组合优化，位于市场操作层次，所需要的信息主要参考主观情景状态下资产的收益和风险特征，其主要功能是主动承担风险获取超额收益。即在战略资产配置计划规定的各类资产投资范围内，通过对宏观经济形势和市场趋势的判断预测未来一年及以上时间各类资产风险收益特征，为获得潜在的价值增值或超额收益，对各类资产的战略配置目标比例进行短期调整，利用投资组合优化技术确定最优投资比例。

此外，在实践操作中投资者往往还会根据自身情况、投资环境和市场变化适时调整投资组合的头寸，这就要求对投资组合进行动态资产配置，即对各类资产的投资比例和投资期限进行动态管理。它主要包括购买并持有策略、固定比例投资策略和投资组合保险策略。其中，购买并持有策略是在较长的时间内保持既有的投资组合，不改变资产配置状态，其交易成本最小，属于典型的被动投资策略。固定比例投资策略是保持投资组合中各类资产的固定配置比例不变，当某类资产的净资产额变动时就调整其份额，以维持各类资产原定的投资比例。而投资组合保险策略是一种利用金融工具锁定资产价格下跌风险（通常是养老基金承诺的目标收益率），又不放弃资产价格上涨所带来获利机会的资产配置策略。它的一种基本思路是购入风险资产的同时相应购入一定数量的看跌期权；另一种基本思路是购入无风险资产的同时相应购入一定数量的看涨期权。由于看涨期权和看跌期权之间存在比价关系，它们的效果基本相同。因此，可以将其视为一种复合期权。在投资实务中，证券的频繁买卖和频繁地复制期权将导致较高的交易费用，投资管理人可以通过股指期货合约对股票组合进行套期保值。

二、基础设施投资的相关理论

（一）基础设施可销售性评估理论

技术类型之间的基础设施经济特征存在较大差异。一般来说基础设施所提供服务的可销售性越高，私人参与的可能性就越大。因此，基础设施可销售性评估理论的重要作用在于确定政府和私人企业在基础设施生产服务方面的职责。该理论认为可以根据各类基础设施可销售性的高低，决定政府和私人的参与程度和方式。早在 1993 年，有专家就提出了一套完整的指标体系，其采用了竞争性、排他性、沉没成本、规模经济、协调性和外部性六个指标对基础设施不同部门的可销售性做出评估。其中，竞争性和排他性是反映基础设施所提供产品或服务的自然属性的指标。沉没成本、规模经济和协调性是反映基础设施所提供产品或服务的生产经济属性指标。外部性是反映它们的社会属性的指标。其研究结果显示，电力行业和城市运输业的竞争性和排他性高，且不会产生很高的沉没成本，所以引入民间资本是非常可行的。

遵循同样的思路，世界银行在1994年也对基础设施的可销售性进行了评估，他们选取的指标包括：竞争的潜力、货物与服务的特征、以使用费弥补成本的潜力、公共服务义务和环境的外部因素等。按照从最不易销售到最易销售对各项基础设施所提供产品或服务的可销售性进行打分，从而获得其可销售性指数，即各项得分的平均值。由此可见，基础设施的市场化远比人们通常认为的广泛，因为凡是可销售性指数在 1.8 以上的领域都可以采用市场化的方式运作。如天然气的生产和输送、废弃物的收集、热电、铁路运输和客运等可以完全由市场提供，选择不同的投资者和经营者，具体包括商业化的公共机构、不受规章限制的私人部门、特许经营或租赁、受价格管制的私营部门、受市场管制的私营部门、当地社区等。当然，由于市场失灵、政府失灵和社会目标的存在，政府对市场干预和行政监管是必不可少的，此时需要权衡政府和市场各自所带来的成本和收益。

（二）基础设施项目融资理论

根据资金提供主体的不同，基础设施建设资金的来源包括国家资本（财政拨款和国外贷款）、法人资本（银行或非银行金融机构）和私人资本。从公共经济学的视角看，除公益性基础设施项目应完全由政府来提供之外，经营性和准经营性基础设施项目都可引入市场竞争机制，实现公私合作甚至完全由私人部门提供，而政府的主要职责只是明确产权、制定规则以及规范和监管市场。随着法律法规建立和金融市场完善，目前已经建立了灵活多样的基础设施投融资供给模式。

1. 直接融资渠道

第一，财政资金。主要是中央和地方政府的预算内融资和特种税费融资，资金来源于税收和专项费用，具体包括国家预算每年拨给建设部门的城建补助、中央和地方财政拨款、城市建设维护税、土地出让金、公共事业附加费、水资源费、市政公用设施配套费、市政公用设施有偿使用费、资产置换收入等财政性资金。

第二，债权融资。主要通过项目贷款和发行基础设施债券（政府债券和公司债券）。政府部门可以通过成立注资信用担保机构、适当降低项目资本金比例等政策鼓励国内外的大型金融机构对以项目法人公司作为承贷主体，贷款给项目资本金足额合法、贷款项目预期效益好、项目收益与还款来源有保障的经营性基础设施项目。也可以创造条件发行城镇基础设施收益债券，它与定向项目收益挂钩，具有信用等级高、融资成本低、资金来源稳定、融资期限长、流动性高等优势，可以作为未来准公益性项目主要的融资工具。

第三，股权融资。对于回报性良好、投资量大、融资期限长的城镇交通、电力、水务等经营性基础设施建设项目来说，可以鼓励和引导有实力的民间资本通过参股、控股、兼并、收购等方式参与公共事业单位的改组改制使其成为股份公司与集团公司，经国家批准后通过向社会发行股票招募资金进行融资。

2. 间接融资渠道

第一，信托融资。信托机构根据基础设施项目的资金需求状况制定信托计划并面向社会公众和机构投资者公开出售，将筹集到的资金由信托机构以自己的名义按投资者的意愿投资于电力、交通、能源以及市政建设等基础设施项目中，并以这些项目资产及其收益作为偿还保证，大多附有担保协议（如第三方连带责任担保、项目建设方土地使用权抵押等）。在实际操作中主要有贷款信托、股权信托、受益权信托和融资租赁信托等运作模式。它实现了“融资、投资、运营、监管”有机分开的市场化运作，融资主体往往是具有较高信用级别或拥有政府背景的大型企业集团。该模式的优势在于融资规模大、投资期限较短、项目运作透明、预期收益可观、具有较好的风险控制安排等。

第二，基础设施资产证券化。这种模式原始权益人将自己拥有的特定资产以真实出售的方式转让给特设机构载体，该机构以基础设施项目所拥有的资产和预期收入流为基础，通过在资本市场发行资产支持证券以融通资金，对资产的风险和收益进行分离与重组。它是一种资产收入导向型融资方式，资产本身的偿付能力、原始权益人的资信能力彻底分开，具有降低融资成本、多样化资金源、增加资本流动性、实现破产隔离等优势。它需要进行复杂的资产评估和信用增级，将项目资产转化为可以流通的债券，适用于经营性基础设施项目，对收益率要求较高。

第三，公私合营。它是公共部门与私人部门针对基础设施项目而建立的一种共同参与、共担风险、共享收益的项目融资模式，主要适用于具有一定可销售性的基础设施项目。它更多的是一种政府资源和市场资源在数量和票赋上实现优势互补的理念，具体形式灵活多样，包括特许经营、合同承包、运营和维护的外包或租赁、管理者收购、管理合同、国有企业的股权转让、设立合资企业或者对私人开发项目提供政府补贴等，不同形式下私人部门的参与程度和承担的风险程度各不相同。

第四，产业发展基金又称为私募投资基金。通过设立基金公司或基金实体向多数投资者发行基金份额，并由专业的基金管理人员进行基金资产管理与运作，以实现基金的保值增值。它是一种对未上市企业进行股权投资并提供相应的管理服务，实现投资方、受资方和代理方利益共享、风险共担的集合投资制度。按照募集方式可分为公募基金和私募基金，按照组织形式分为公司型基金与契约型基金，按基金变现方式可以分为开放式基金与封闭式基金。它的优势主要体现在：一是资金运作的专业化，通过每个基金的设立和运作在对投资资金的筹集、资产评估、收益分配和风险控制等方面形成效益较优和机制完善的基础设施投融资制度；二是资产管理的专业化，通过专业化的基金管理公司长期运作，形成相关基础设施领域具有稳定性和高水平的技术与管理专家团队。

三、养老基金投资基础设施与经济增长的互动关系

（一）养老金计划对经济增长的影响

探讨养老金计划与经济增长的关系主要是因为养老金增长的物质基础是整个社会产出。当经济最优储蓄率能够得到保证时，退休人员要获得更多的消费品必须建立在社会总产出增加的基础上，即依靠下一代就业人口的增长和劳动生产率的提高。不同养老金计划的区别仅在于利用不同的方式来要求部分社会产出。然而，随着物质生活水平和国民福利预期的提高，养老保障制度形成了一种刚性向上的自我发展机制。但是，现实中却存在无限提高养老保障待遇水

平与社会经济资源有限这样一个根本性的矛盾。因此，基于内生经济增长模型，养老金计划的生产性功能主要体现在以下两方面。

1. 养老金计划对资本的影响

第一，养老金计划作为一种对劳动者工作期间部分收入进行延期给付的制度安排，不同的运作机制将通过个人的生命周期储蓄、预防性储蓄和遗传动机储蓄直接影响物质资本的形成。但是，由于影响私人储蓄行为的因素复杂繁多，而且不同国家的政治经济政策、个人储蓄偏好、养老金计划特征等存在较大差异，迄今为止现收现付制和基金积累制对储蓄的影响效应并未形成一致结论。但大部分研究表明，现收现付制养老金计划对私人储蓄的净效应取决于“资产替代效应”和“引致退休效应”的相对强度。而养老基金作为强制性的养老储蓄安排，对私人储蓄的影响更为复杂并无规律可循。

第二，储蓄促进经济增长的前提必须是能够有效地转化为投资。从资源利用和配置的角度看，资本市场作为一种资金融通的场所，是否发达有效对经济运行效率和长期经济增长的影响十分关键。巨额的养老基金作为长期资本投资于资本市场将显著扩大资本市场的总量和规模，增强资本市场的稳定性，调整资本市场融资结构，拓展资本市场的深度和广度，促进金融基础设施的现代化建设以及金融制度、金融组织和金融产品的创新。尤其是养老基金能够跨时间和空间转移资源，为了实现规模化、专业化、市场化的投资运营需要成立专门的养老基金投资公司或委托专业的基金管理公司进行管理运作。这些重要的机构投资者，具备强大的资金、人才和信息优势，以较低的交易成本实现长期资本的有效配置，同时促进证券投资基金、信用评级机构和投资咨询机构等现代金融服务业的发展，从而提高金融系统效率。

2. 养老金计划对劳动的影响

在养老金计划和家庭养老共同存在的经济体中，加大养老金计划的保障程度将会减少父母对子女赡养的依赖程度。一方面通过生育决策和退休决策直接影响劳动人口在总人口中的比重；另一方面通过教育决策影响整个经济发展中的人口资本存量，最终从劳动力数量和质量上影响长期经济增长。第一，从当代劳动力供给来看，公众对养老金计划缴费的认识、缴费与待遇之间的精算关联度、缴费的内部收益率以及政府的财政补贴等都将影响劳动参与率、工作的努力程度、对自身教育的投入和就业机会的选择。养老金计划通过收入效应刺激劳动供给的同时也通过替代效应减少劳动供给，其综合效应在不同的养老金计划上存在较大差异。一般而言，现收现付制容易导致提前退休，对劳动力市场的扭曲作用较大，而基金积累制却能很好地解决这个问题。当然，养老金计划也会对劳动力需求产生影响，强制的养老保险缴费将增加企业的用工成本，增强资本对劳动的替代作用，从而减少劳动力需求。第二，从人力资本的积累来看，人力资本形成的内在逻辑是下一代的人力资本水平不仅取决于上一代对下一代的教育投入，还取决于上一代人的平均人力资本水平。

（二）基础设施对经济增长的影响

基础设施作为社会基础资本、社会先行资本和社会间接资本，对发达国家和发展中国家的经济增长都具有实质性的作用。美国著名发展经济学家罗森斯坦·罗丹就曾指出："基础设施是社会经济发展的基础，是一个国家经济起飞的必要条件，是工业化不可逾越的阶段。"以内生经济增长模型为出发点，基础设施对经济增长的影响路径可概括为以下几方面。

1. 基础设施对资本的影响

基础设施作为直接的生产资本之一会增加社会总资本存量，是其他生产部门扩大生产规模的前提，具有投资和消费双重拉动作用。存在闲置生产能力的情况下，基础设施投资规模的增加将在投资乘数的作用下引起社会总产出成倍数增加。因为遵循"引致投资"最大化原则，基础设施投资能够最大限度地拉动与其直接和间接相关的产业部门生产。此外，基础设施的投资改善了私人的投资环境，提高私人投资的回报预期，刺激私人产业部门进一步追加投资规模或开展新的投资。而且完善的基础设施也有利于增强一国在获取国外直接投资上的竞争力。随着世界经济一体化和全球化趋势的加强，国际资本在决定投资场所时已不再单纯看重投资所在国廉价的劳动力和优惠的税收政策，而是更重视投资场所的总体竞争能力，包括现代金融服务体系是否完善、通信是否畅达、交通运输是否便利以及公共设施是否齐全等。更重要的是，基础设施投资能够改善基础设施条件，尤其是在农村地区能够为农民提供更多获得其他商品和服务的机会以及非农就业机会，从而增加居民收入、刺激居民消费。发达的交通运输系统、能源供应系统、通信服务系统等公共基础设施是促进居民扩大消费的必要前提，增加居民扩大依赖性消费的可能性和便利性。

2. 基础设施对劳动的影响

从劳动力需求的角度看，基础设施中既有劳动密集型产业，如传统的铁路、公路、桥梁、房屋建设等需要大量的初级劳动力；又有资本密集型产业，如大型水利枢纽建设、新型能源开发、网络通信系统建设等不但需要初级劳动力也需要高技术人才。同时，增加基础设施投资还将会带动上游和下游产业的发展，并通过改善周围的投资环境形成产业聚集，创造大量的就业机会。总体而言，基础设施投资对劳动力就业的影响分为短期效应和长期效应。从短期来看，主要表现为基础设施建设过程中引致的就业效应。比如投资修建高速公路，建筑公司将雇佣更多的设计和管理人员以及建筑工人。同时，需要投入大量工程机械和水泥、钢筋等建筑材料，因此会给相关行业提供更多的市场发展机会，并影响这些行业的投资计划和企业雇佣计划。但随着这一基础设施建设项目的结束，其短期效应也随之消失。从长期来看，主要表现为基础设施因直接或间接参与生产过程所带来的就业效应。一方面，大部分基础设施行业的投资会增加自身在运营和维护方面的就业需求。譬如提供水、电、煤气的公司，道路、机场、港口的扩建，图书馆的扩建等都会要求增加人手。另一方面，新增基础设施可能会改善既有生产性基础设施的使用效率，甚至对其产生挤入效应而诱使私人投资者进行更多的生产性基础设施投资，从而带来新的就业机会。

从劳动力供给的角度看，第一，良好的通信系统和交通系统提高了人们共享资源的能力，有利于就业信息的传播，增强劳动力跨区域流动的可能性和便捷性，增加劳动力市场的有效供给。第二，社会基础设施的完善有利于提高人口素质，增加人力资本存量，增加社会整体福利。比如先进的医疗卫生体系能够减少和预防各种疾病的传播。优质的教育科研体系能够提高入学率（尤其是女性）和教学资源的利用效率以及国民的受教育程度。而良好的环境治理能够使人们享受更干净的水源和更清新的空气，优化人们生产和生活的社会经济环境，有利于提高国民的身体素质和降低人口死亡率，从而提高劳动力的生产效率。

第二节　个人账户养老基金投资概述

人口老龄化已经或正在成为一个世界性的问题，一国的人口老龄化对该国的宏观经济、财政、金融和社会等诸多方面都会带来实质性的冲击，这毫无疑问给政策制定者们带来了前所未有的挑战，其中养老金制度体系面临的冲击和挑战更是首当其冲，迫切要求进行根本性的变革，多支柱养老金制度正是在这样背景下应运而生的。不论是智利的彻底改革，还是大部分经济合作与发展组织国家的局部性和结构化改革，其最直接的动因无不是源自人口老龄化所带来的资金问题，也就是说收支失衡的财务问题，基金制个人账户养老金制度正是在这样的背景下产生的。支持基金制改革的一个理由就是通过养老基金的投资运营可以获取可观的收益，基金的增值将有利于改善人口老龄化所带来的财务困境。当然，我们也知道养老基金的投资能否取得预期的投资收益实际上会受到资本市场及其他多种环境因素的影响，存在诸多的不确定性，投资运营主体的专业知识、技能等诸多因素都会直接影响投资的结果。因此，投资的成败不仅决定着养老金制度改革的成败，更决定着国民的退休福祉，甚至进一步影响到社会和经济的稳定大局。

一、个人账户养老基金概要

从 1993 年十四届三中全会明确提出养老医疗保险制度改革实行“社会统筹和个人账户相结合”的模式开始，历经 1995 年的试点，1997 年的制度确定，再到 2000 年开始进行“统账结合”下的分账管理试点。个人账户管理问题逐渐得到重视，目前也已取得一定共识。作为一个问题导向型的研究课题，对于养老基金个人账户管理研究的开展和深入须臾没有离开“统账结合的基本养老模式”的实践。中国的个人账户养老金，是我国多层次养老金制度的重要环节，特指基本养老保险中记录职工个人缴纳基本养老保险费的账户，以区别于我国多支柱养老金体系中的企业年金。因此，此处的个人账户是一种狭义的个人账户，“统账结合”的基本养老金制度在设立之初被认为是中国的一大创新。作为特殊的一类机构投资者，它与保险公司和投资基金等机构投资者异同兼具，也就是说除了机构投资者的共性之外，也有其独特个性。

二、个人账户养老基金的特性

（一）在流动性、安全性和收益性之间更加艰难地抉择

个人账户养老基金资产的流动性主要是指向退休者支付养老金、短期加入者的离职给付、困难取款等方面的情况，其中最主要的是向退休者支付养老金。由于个人账户养老基金制度设计的差异，有些国家在职工退休时按月支付一定年限，有的一次性将其个人账户养老基金转换成年金，也就是说向保险公司或其他年金提供者购买年金，以帮助个人账户养老基金的积累者防范长寿风险（实际需要领取退休金的时间超过预期退休余命，从而导致剩余部分时间没有养老金提供保障），还有参与者中途死亡导致的支付要求。因此，个人账户养老基金的流动性特征就显得较为复杂。这就要求受托管理人合理预测基金资产的流动性需求，以便既不影响个人账户养老基金资产的最优配置，同时又能兼顾年度或者临时的流动性需求。

个人账户养老基金资产的安全性需求是显而易见的，这实际上是由个人账户养老基金资产的最终用途及功效所决定的。一般的机构投资者其共同基金资产大多来自中小投资者的闲散资金，他们本着自愿的原则将资金交给基金管理公司，并根据自己的风险偏好选择相关基金细分品种，比如说他们的风险偏好强一点就可以选择偏股型的基金，弱一点则选择混合型基金，再弱一点则可以选择债券型或者货币型基金。但个人账户养老基金强制性和“保命钱”的性质决定了其必须比一般机构投资者更加注重安全性，也就是说个人账户养老基金在资产管理和运作的过程中必须更加审慎，更加注重安全性，容不得丝毫闪失。

个人账户养老基金资产的收益性是指养老基金资产必须实现增值要求，这一个原因是资金内在本质的趋利性要求，另一个重要的原因就是长期资产在积累过程中必须对抗通货膨胀和其他影响资产实际购买力的多种负面因素侵袭。我们必须一再强调，能否充分发挥个人账户的效率促进作用，直接决定了在基本养老金制度中创设个人账户的成功与否。不论是从个人角度谈个人账户对个人责任的强化，还是从企业角度谈个人账户减轻雇主负担，或是从政府角度谈减轻政府负担，实质上都是建立在效率承担的个人账户有效运行基础之上。个人账户的有效性最终还得体现在结果上，也就是说能不能以最低的成本积累起一笔足够的基金，以保证参保者退休之后的目标替代率。按基本养老金提供60%左右的替代率来算，如果统筹部分提供30%，个人账户部分就得提供剩下的30%。其效率性体现在：如果它能够提供一笔足够的基金，使得替代率足够高的话，统筹部分的负担就可以降下来，从而更好地发挥其公平效用。

（二）长期性、稳定性、累积性

个人账户养老基金资产的长期性、稳定性和累积性使得受托资产管理人能够进行更加多样化的投资选择和资产组合，采用一些在长期收益方面具有更大优势和吸引力的投资工具，从而更好地实现资金的长期性和投资工具的期限相匹配的目的。如果投资工具的期限与资金的长期性不匹配，则从投资安排的视角来看，资产就会面临再投资风险。即使从利率的期限结构角度而言，在其他条件相同的情况下，利率水平也往往随着期限的延长而提高，比如说长期债券的收益率一般就比中短期债券要好。另外，从各国养老基金的投资偏好来看，股权偏好已经成为不争的事实，也就是说股票、私募股权等权益类资产的投资比例存在上升趋势，甚至在全球范围内还开始出现了养老金成为对冲基金、私募股权和风险投资公司主要资金来源的现象和趋势。

（三）储蓄性

从个人账户养老基金资金运行的方式来看，个人账户养老基金的供款、资产积累和领取与银行储蓄的流程非常类似。所不同的是个人账户养老基金资产的储蓄性基本上是强制的，国家一般通过强制立法要求居民或者职工参与养老保险制度，为克服个体的短视行为而强制其为未来的养老积累一笔养老基金，以保障未来的退休生活水平，这可以从个人账户养老基金计划对劳动者整个生命周期消费行为的影响机制得到更多的解释。有经济学家通过对国别、时期、年龄组、保险方式等方面的实证分析，证明了基金制养老保险方式（个人账户养老基金是典型代表）的储蓄性特征，这种储蓄是以一种强制性的个人账户形式储存在某个特殊机构处，同时这种强制储蓄对传统的银行储蓄而言甚至是一种分流。不过，银行在失去这部分传统储蓄业务的同时却可以通过参与个人账户养老基金资产的托管，甚至是在综合金融的框架下更深层次地参与到个人账户养老基金的一系列运行过程当中，产生“堤内损失堤外补”的客观效果。

（四）受托性

在经济飞速发展、社会财富迅速增长以及社会财富形式日益多元化的背景之下，对社会财富管理、运用和投资的需求日益膨胀。而大陆法系国家发现原有的委托代理合同根本无法满足目前对财富管理的需求，这种缺陷又因为大陆法体系固有的掣肘而无法转圜。所以，传统大陆法系国家纷纷借鉴英美法系中已成功运用的信托制度，日本政府在信托制度移植的过程中更是充当了十分积极的角色，这可能源自日本素来的务实主义精神。

不管怎么说，在英美法系国家成功运用的信托制度，目前早已深入各国社会财富管理的每一个角落。一方面是因为两大法系的交流融合，另一方面更是因为制度功能上的需要，大陆法系国家或者混合法系国家均纷纷移植信托这一制度，信托观念的扩张力度可谓是前所未有。具体到个人账户养老基金的管理而言，在全球养老金制度深刻变革的今天，信托早已在美国、英国、智利等国家普遍运用，这些国家无一例外都建立起了养老基金个人账户。对于中国而言所不同的是，我们在第一层次的基本养老金体系中创造性地设立了一个强制性的个人账户，其目的就是要在传统现收现付制的基础上引入部分积累制，因此在未来积累起一笔巨额基金乃是可以预见的，基金账户管理的问题也就因此应运而生。信托制度对于中国个人账户基金管理而言有着迫切的必要性，更有其可行性。其必要性体现在信托的管理与利益相分离。与此同时，信托模式的设计可以使得政府从复杂而又低效的具体管理过程中超脱出来，有效地担当起一个监管者和最后安全保障者的角色。

三、个人账户养老基金的投资环境研究

养老基金进入资本市场是保值增值的必然选择，养老基金也已经成为资本市场最重要的投资者之一。尤其是以美国、英国、日本为首的发达国家，养老基金制度和资本市场都已经比较成熟，养老基金对资本市场的发展有着重要的影响。

（一）金融证券化

20世纪80年代以来，全球金融体系整体出现了一轮证券化的潮流，不仅在整个金融体系中证券化资产的数量剧增，而且传统的银行类资产，比如说银行贷款，也大有证券化的趋势。同时，在金融证券化的发展过程中，金融自由化和全球化的浪潮也是一波高过一波，各种金融创新层出不穷，金融运行的机制大为改观，这使得金融资产在证券化的同时更出现了证券市场产品衍生化的趋势。在金融市场交易中占据最大比重的是场外衍生品交易市场，其中包含了种类繁多的交易品种，如利率衍生品、信用衍生品、股票衍生品等。虽然在金融危机下，各国的立法和监管采取了一些收紧的政策，但场外衍生品市场却并未被冷落，反倒大有盛行之势。

（二）金融协调和监管全球化

资本流动、货币体系、金融市场和金融机构的全球化必然要求有相应的国际金融协调、监管机构和机制，于是金融协调和监管的全球化便应运而生。这里尤其值得指出的是，在国际金融协调、监管机构和机制的发展中，各国都试图扩大自己的利益和影响，从而正在形成一种国际金融政治。众所周知的国际货币基金组织是典型的国际金融协调机构，成立于1930年的国际清算银行也是此类机构。《巴塞尔协议》及《有效银行监管的核心原则》为越来越多的国家所接受，标志着全球统一的金融监管标准趋于形成。布雷顿森林体系之后，为了应付金融全球化及其带来的风险，国际监管有了进一步的发展，主要表现为国际证监会组织和国际保险监管协会的成立，它们为各自行业内部提供了国际上通行的技术支持和共同标准。

第三节　国外养老资产配置模式与借鉴

养老资产合理配置是社会经济发展过程中需要解决的核心问题之一。按照

国际通行标准，我国在2000年已经进入老龄化，并呈现老龄化加速和“未富先老”的特征。当前我国经济由高速增长转为中高速增长、经济结构逐步优化、经济增长由要素驱动转为创新驱动，呈现经济发展新常态。随着人口规模和结构的显著变动，公共养老支出压力日趋增大。个人为了获得更高的退休生活品质，需要在政府提供的基本养老保险之外发展个人养老金融，通过个人养老资产的合理配置提高养老资产运用效率。总体来说，国外尤其是发达国家的养老保险历史悠久，伴随经济增长和人口结构调整，国外的养老保险制度也不断发生变革，逐步形成多样化养老资产构成体系。本节在简要分析代表性国家养老资产构成基础上，重点阐述各国个人养老资产配置模式，总结对我国个人养老资产优化配置的经验借鉴。

一、国外个人养老资产的配置模式

按照国际通用标准，英国、美国、德国、加拿大早在1950年就已经步入老龄化，现在都处于深度老龄化阶段，他们也面临养老金支付问题。与我国过度依赖养老保险第一支柱不同，西方国家养老保险第二支柱、第三支柱发挥重要作用，原因在于他们拥有发达的金融市场，为个人养老资产配置提供了广泛的投资渠道。

（一）英国模式

英国个人养老资产可在个人养老金、自主投资个人养老金、小型自我管理方案、管理层养老金计划和年金方面进行配置。

1. 个人养老金

雇主自愿为雇员提供个人养老金，自由职业者也可以自己参与。个人养老金属于个人积累账户，积累收益的一定百分比允许免税，通常免税百分比随年龄上升。参与者满50岁后，基金中25%的现金是免税现金，剩余资金必须用于购买不晚于75岁的年金。为了保证参与者对资金的控制权，英国政府允许个人推迟购买年金。

2. 自助投资个人养老金

自我投资个人养老金就是个体自己选择投资机会，而不是把投资决策权交给保险公司或银行。投资起点非常低，可以享受不同程度的返税或者免税，英国多数金融机构都可以提供自助投资个人养老金账户，投资者开户时即可享受政府补助。养老金投资计划最早可在55岁时申领养老金，政府鼓励投资者开展长期投资并提供包括股票、信托、债券和商业地产在内的多种免税品种。投资者可以自助选择投资品种，选择不同管理人，比较适合具有一定理财专业知识的群体。此外投资者还可以利用养老金投资计划进行抵押融资。

3. 小型自我管理方案

小型自我管理方案通常用于超过 12 个员工的企业，一般是家族企业，也有单个人的小型自我管理方案。大多数小型自我管理基金以固定缴费为基础，基金的目标和限制与固定收益计划相似。这一特点使小型自我管理计划比个人养老金拥有更高的缴费层次，如同自助投资个人养老金一样，小型自我管理也拥有较高投资自由度。

4. 管理层养老金计划

管理层养老金计划主要面向董事和高级职员设立，设立基础是固定缴费计划（即没有收益承诺），缴费抵扣税收限制遵循固定收益计划规则。执行董事可以在接近退休时用完该笔资金，管理层养老金投资收益免税，但是领取时需要缴纳所得税。

5. 年金

年金是大多数国家都会为投资者提供的个人养老资产配置渠道，英国也不例外，主要的年金形式有延迟年金，个人提前通过零碎支付定期的保费，将来可以获得退休收入，其他还有终生年金、投资连结可变年金等。

（二）加拿大模式

除了年金，加拿大主要的个人养老资产配置模式有注册退休储蓄计划、注册退休收入基金和个人养老金计划三类。

1. 注册退休储蓄计划

注册退休储蓄计划是固定缴费性质的个人积累账户，建立目的是鼓励中高收入者尽早安排个人退休金账户，采用固定缴费形式。缴费达到一定限额可以抵扣税收，投资收益免税，领取时需要缴纳所得税。个人可以选择保险公司、银行、信托机构等开立注册退休储蓄计划账户，积累过程中遇到首次购房或学习计划可以免税提取一定额度的账户资金，多取出的部分需要纳税。投资者年满 71 岁时必须关闭账户。和英国养老金投资计划相似，加拿大允许具有自我投资管理能力的人开设自我导向注册退休储蓄计划账户。与其他合作伙伴注册退休储蓄计划缴费相比，加拿大注册退休储蓄计划允许更高收入的配偶获得税收抵扣。

2. 注册退休收入基金

注册退休收入基金是一个年金产品，投资者退休时可以进行选择性购买。已经注册过的养老基金（通常是一个注册退休储蓄计划）可以转入注册退休收入基金。注册退休收入基金设立一个投资者每年取款额度的最小值，这部分资金将作为收入征税。

3. 个人养老金计划

个人养老金计划是一个固定收益计划，专门面向股东或高管。股东或高管每任职一年就可以获得指定养老金报酬的 2%，直至上限。个人养老金计划缴费和投资收益免税。由于不存在缴费限制，基于免税考虑，个人养老金计划参与者比普通注册退休储蓄计划缴费水平更高。由于个人养老金计划有较高的保险精算要求，所以建立和管理个人养老金计划比注册退休储蓄计划更复杂。

（三）美国模式

美国最大的个人养老资产账户是个人退休账户，包括传统个人退休账户、罗斯个人退休账户、简单个人退休账户和教育个人退休账户等几类。对于自我雇佣的群体有基奥计划，也属于个人养老资产账户。

1. 传统个人退休账户

传统个人退休账户参与条件比较宽松、税收优惠吸引力大，使其成为美国最重要的个人退休储蓄账户。只要参加者年龄在 70.5 岁以下并且拥有劳动服务收入，无论是否已经参加其他形式的养老保险计划都可以开设个人退休账户。个人退休账户具有延税功能，缴费采用税前扣除，直到资金撤销之前投资收益是免税的，资金撤出时需要纳税。账户拥有者在 59.5 岁到 70.5 岁之间可以撤销资金，如果提前撤出将会承担必要的税收惩罚。

2. 罗斯个人退休账户

以罗斯命名的个人退休账户，按照《税收法》要求区分参与者是单身还是已婚，只允许限定收入以下的人参加该账户。与传统个人退休账户相比，罗斯个人退休账户采用税后缴费、投资收益免税和撤出缴税的形式，这一点与罗斯 401K 计划相同。罗斯个人退休账户和罗斯 401K 计划的区别在于个人退休账户缴费限额更低，基于购买首套住房和教育需求的资金提取行为可以免税。

3. 简单个人退休账户

简单个人退休账户一般适用于员工规模小于 100 人的独资企业或合资企业，雇员采用薪资扣除缴费，雇主根据雇员选择提供一定数量资金配比，雇主缴费可以税前扣除，领取阶段需要纳税。简单个人退休账户设置条件和维护成本比较低，受到中小企业的欢迎。

4. 教育个人退休账户

从完整性角度来看，教育个人退休账户不是严格意义上的养老金合同，账户资金主要是子女和孙子女的教育基金，同时该账户的缴费限制低于其他形式的个人退休账户。

（四）德国模式

1. 个人退休金计划

德国的个人退休金计划允许所有居民自愿参加，但是政府只允许低水平缴费可以免税，大多数员工参加法定养老保险时就已经把免税缴费额度用完，自由职业者可以利用这有限的减免。支付阶段，投资者可以灵活选择领取方式、领取数量，政府仅对部分投资收益征税。

2. 李斯特计划

李斯特计划设定依据是2002年的《老年财产法》，原则上也是所有德国居民都可以参加。缴费阶段，参加者除了获得缴费限额免税以外，特定群体还可以获得政府资助。领取阶段需要纳税。该计划要求参加者年满62岁，允许选择终身年金、按月支付，一次取款最多领取储蓄额度的30%。因为李斯特计划税收优惠参照家庭收入和子女数量，所以比较适合低收入多子女的家庭。

二、国外个人养老资产配置的经验借鉴

（一）积极拓展个人养老资产配置渠道

多数发达国家早在1950年就已进入老龄化，部分国家甚至已经进入深度老龄化，但他们的养老问题都没有中国严峻。一方面因为西方国家进入老龄化时已经比较富裕；另一方面因为他们拥有发达的金融市场，居民拥有灵活的资产配置权，突出表现就是市场可以提供多元化个人积累账户。

对比国内外养老资产构成，都是以三支柱作为基本框架，区别在于国外第二、第三支柱可以为居民提供较高的替代率。以美国为例，二三支柱的平均替代率超过50%，联邦政府雇员的“节俭储蓄计划”替代率甚至高达110%。我国主要依赖第一支柱，原因是我国没有强制性企业年金，也缺少第三支柱的个人养老资产配置渠道。相比国内第三支柱除了养老储蓄、养老保险和股票、债券等常规金融产品以外，个人几乎找不到其他养老资产配置渠道。随着人口

老龄化带来的养老负担加重，财政负担也日益加重，依靠政府承担全部养老责任是不现实的。因此强化个人养老资产配置，注重引入市场化机制，提高个人积累、个人投资力度将成为缓解养老资金压力的大趋势。我国目前能够提供个人养老资产管理的几乎都是大型银行、保险公司，尚没有形成一个有序竞争格局。

积极拓展个人养老资产配置渠道必须要有配套的政策支持。回顾我国从 20 世纪 50 年代初制定劳动保险条例，到 20 世纪 90 年代中期提出“统账结合”保险制度，再到 21 世纪发展完善企业年金，一系列法律法规反映出我国养老金政策从政府包揽到政府、企业、个人共同承担，利用市场机制明确各方责任，逐渐形成普惠制新型养老资产配置体系。这一过程需要转变人们的固有观念，摆脱过度依赖政府养老，转向个人主动进行养老资产配置实现资金积累。从中国健康与养老追踪调查数据中个人购买商业养老保险的缴费主体来看，超过 80% 是自己缴费，反映出人们在观念上开始重视自我积累、自我养老。

拓展个人养老资产配置渠道还需要注意产品参数设计的合理性。德国是最早进入深度老龄化的国家之一，也是全世界最早颁布养老保险法律的国家，被称为现代社会福利制度的摇篮。2001 年李斯特改革之前，德国法定养老保险占绝对主力，退休人员 85% 的收入来自国家法定养老金。2001 年李斯特计划和 2005 年的吕库普计划都是基于严格精算基础、强化个人养老责任的具体实践，因其参数设计兼顾公平与效率，受到投资者追捧。我国虽然已在 1995 年提出“统账结合”，提出强制性基金积累，2005 年又调整统筹账户和个人账户比例，但是受到体制、转轨成本等因素影响，个人积累账户仍然“空账”运行。我国未来养老保险改革可借鉴德国经验，计算养老金收付时需考虑人口因素、延迟退休年龄因素、通货膨胀、金融市场完善程度等参数。

（二）合理制定税收优惠政策

税收政策是影响养老资产构成和养老资产配置模式的重要因素。个人养老资产配置涉及缴费、投资和领取三个环节，每个环节都有缴税和免税两种做法，理论上总共有八种税收方案。以英、加、美、德四国为例，大部分个人养老账户都是缴费、投资免税，领取收税，个别产品是缴费征税、投资领取免税，各有优劣。

美国的个人退休账户是一个完全个人自愿缴费、企业不承担任何责任、政府仅提供税收优惠的个人养老金安排。相比传统的个人退休账户，罗斯个人退休账户的建立更值得我国加以借鉴。虽然罗斯个人退休账户在缴费阶段无法为投资者带来节税的效应，但从长期储蓄积累来说可以免税，提款时可以免税，投资人死亡也可以遗赠后代。建立个人退休账户等于将个人养老资产投资安排交给投资者本人，投资者需结合年龄、收入充分利用税收优惠。

加拿大备受欢迎的注册退休储蓄计划是加拿大个人养老资产配置的重要组成部分，主要原因是政府通过税收优惠鼓励人们把资金用于退休后生活。与加拿大免税储蓄账户相比，注册退休储蓄计划缴费可以实现税前抵扣，同时注册退休储蓄计划不仅仅是退税和延税，更多是对家庭财务和个人养老的一个长远规划。一般来说，高收入群体多参加注册退休储蓄计划，可以更好地利用税收优惠，年轻人收入偏低时则应充分利用好免税储蓄账户，老年人临近退休时则两者都需要购买。充分利用免税账户对于提高养老收入和低收入补助具有重要帮助。

2013 年 12 月，我国正式发布企业年金个人所得税递延政策，表面看起来延税的企业年金和美国 401K 组织架构相似，但从税收优惠来看，二者差距较大。我国规定个人缴费占工资收入 4% 以内可以享受税收延迟，单位缴费在 5% 以内可以延税，合计最多占工资收入 9%。美国 401K 计划允许雇员最高工资收入 15% 以内缴费可以延税，雇主配比部分最高 6% 以内可以延税，两者合计占工资 21%。除了税收优惠力度小难以对个人产生有效的激励，我国企业年金投资限制多，保值增值效果不理想。我国企业年金通常直接托管给管理机构负责运营，个人几乎没有投资选择权。企业年金是一笔长期投资，需要通过充分调动企业和个人的积极性，才能发挥设立年金应有的作用。

（三）科学利用主权养老基金

2006 年，经济合作与发展组织在《关注养老市场》中指出所谓主权养老基金就是公共养老基金，包括“缴费型”主权养老基金和“储蓄型”主权养老基金两类，前者资金来源于参保者的缴费余额，后者资金来源于转移支付。主权养老基金和主权财富基金是一对孪生兄弟，一个注重“养老”，一个注重“经济发展”，但是发展趋势使两者的界限日益模糊。目前全球最有名的“挪威政府养老基金”，其前身就是 1990 年建立的“石油基金”，智利则利用铜矿产业财政收入建立了养老储备基金。

政府为应对老龄化带来的养老金支付压力采取各种方法，加拿大的社会保障储备基金是应对养老金支付较大缺口的备用资金，俄罗斯建立“国家福利基金”的宗旨除了应对养老基金短缺，另一用途是补充居民达到退休年龄后自愿参加的养老储蓄，主权养老基金是缓解养老金压力的重要途径。

我国早在2000年就已经设立全国社会保障基金（简称社保基金），具备主权养老基金的部分特征，但世界银行认为中国社会保障基金的规模只能满足部分养老金支付，西方国家也不太认可负责社保基金运营的机构“中投公司”，所以全国社保基金能否发挥主权养老基金的作用还是未知数。有学者认为除了全国社保基金，我国还可以利用高额外汇储备建立“外储型”主权养老基金和“缴费型”主权养老基金，形成三足鼎立的格局，不仅可以实现外汇储备分散资产风险和保值增值的营利性目标，也可以有效缓解养老的财政支出压力。

综上，随着老龄化日益加剧，西方国家也不断寻求改革，主导思路是注重引入市场机制解决养老资产短缺问题。个人自主选择、自助缴费、政府提供相应的税收优惠，鼓励民众主动自我积累养老资产。各国政府根据实际情况设立主权养老基金并将其作为个人养老储蓄的补充、应对未来养老金支付缺口等都是值得我国借鉴的经验。

第四节　中国养老基金投资基础设施的制度环境、实现路径与政策建议

随着现代社会老龄化现象的日趋严重，我国养老基金未来投资基础设施的新思路和有关的政策建议开始被提出。从我国养老基金投资基础设施的制度环境入手，深入分析当前的政策环境、人口环境、经济环境和市场环境。其次，从广义基础设施投资的角度出发，将保障性住房建设和绿色基础设施项目建设纳入我国养老基金未来可能的投资范围。第一，基于住房保障和社会保障的融合，养老基金可以通过“信托贷款—债权投资计划—房地产信托投资基金—公私合作模式直接投资”的路径进入保障房投资领域。但从安全性角度考虑，近期最适合的方式是采用信托贷款和发展房地产信托投资基金。第二，为实现绿色低碳经济和可持续发展，提出养老基金可以通过“绿色债券—绿色产业基金—公私合作模式”的路径投资新能源、环境治理、气候变化等绿色基础设施项目。从养老基金、基础设施和金融市场三个层面提出促进中国养老基金未来投资基础设施的政策建议。

一、中国养老基金投资基础设施的制度环境

（一）政策环境：中国基础设施投资的市场化改革

由于基础设施具有部分公共产品性质，其投资市场是一个典型的以政策推动发展的市场。21世纪以来，我国经济腾飞促使政府在加大基础设施财政投入

的同时，也认识到鼓励和引导民间资本投资基础设施的重要性。民间资本是促进经济发展、调整经济结构、繁荣城乡市场、增加财政收入、扩大社会就业和改善人民生活的重要力量。因此颁布了一系列的政策法规来加大对基础设施融资体制的改革，初步确立了市场经济条件下基础设施领域投资主体多元化、投资方式多样化、投资监管简单化的制度安排。

（二）人口环境：人口结构的老化和人口红利的消失

人口和资本一直是世界经济发展的两大永恒主角，但人口增长过缓、人口结构老化将导致社会人口的抚养比率和赡养比率失调，对资本流动、技术进步、经济增长以及社会福利等产生负面影响。无论是哪种养老金制度都无法避免人口老龄化对其财务平衡的冲击，因此可以说人口结构变迁引发养老金制度变迁，从而引发金融结构变迁。

虽然多项研究表明目前我国的第一次人口红利正在逐渐消失，但仍有迎接第二次人口红利的可能。按照索洛的新古典经济增长模型，人口因素是经济增长的三大主要决定因素之一。随着人口年龄结构的老化，人口红利的丧失将严重影响经济增长速度。

一方面，人口老龄化会造成劳动力短缺，促使劳动力成本快速上升。根据2008年联合国开发计划署关于中国未来人口方案中的预测，在2000—2050年间，我国15～60岁人口占比在2010年达到峰值67.8%后将呈逐渐下降趋势，这意味着劳动力将从“无限供给”向“有限剩余”转变。相反，60岁以上人口占比却按年均2%的速度增加，在2050年达到总人口的31.1%，约4.41亿。而且2020—2040年是我国人口老龄化的快速增长阶段，60岁以上人口占比从16.7%迅速攀升至27.5%，20年间上升了10.8%，这意味着单纯依靠劳动力投入的粗放型增长方式将难以为继。

另一方面，人口老龄化还可能形成第二次人口红利。尽管人口转变将使得劳动年龄人口呈现负增长，从而减少养老保障制度的缴费来源，但通过人力资本投资和资本技术对劳动力的替代仍然能保证充足的劳动力供给。而且具有经济理性的经济主体为应对人口年龄结构的预期变化，将一生的收入和消费在生命周期内进行平滑以获得效用最大化，新的储蓄动机将进一步提高国民储蓄率。这些金融资本不论投资于国内或国际金融市场，都将对经济增长产生巨大的推动作用。养老基金在投资过程中，也将分享经济发展成果，从而获得较高的投资收益率。反过来，养老保障制度也会通过改变消费者的预算约束和不同时期的福利状况影响消费者的储蓄行为、就业选择和人力资本投资等微观决策，进而影响宏观经济中物质资本和人力资本的积累，实现长期经济增长效应。

（三）经济环境：中国长期经济增长驱动因素的转变

第一，制造业的比较优势削弱，产业结构升级调整压力大。随着产业革命、技术革命、生产制造范式的变革以及国内生产要素成本的上升，中国制造业将面临两个重大挑战。一是发达国家实体经济的回归和再工业化，具有第三次工业革命来临的重要转折意义。随着信息技术和先进制造技术的深度融合，柔性制造、网络制造、智能制造日益成为世界先进制造业的重要方向。全球化生产方式的变革可能绞杀中国出口导向型的经济增长模式，要求加速转变经济增长方式和结构调整，启动扩大内需的发展战略。二是在今后相当长的时期内，发展中的新兴经济体（如东盟、拉美国家等）将会以更加低廉的成本优势逐步实现对中国制造的供给替代。因此，要在后金融危机时代抢占未来竞争的制高点，必须实现经济结构的转变。

第二，新型城镇化是未来经济增长的持久动力。所谓城镇化就是随着工业化、现代化、信息化发展，导致非农产业不断向城镇集聚，从而农村人口不断向非农产业和城镇转移，带来城镇人口比重不断上升，城镇数量增加和规模不断扩大，城镇生产生活方式及城镇价值观和文化不断向农村传播扩散的历史过程。过去的城镇化与传统的经济发展方式直接相关，其规模城镇化的特点比较突出。它以工业化为主导，以做大经济总量和承载投资为主要目标，以土地批租为重要手段。城镇化在促进经济增长的同时，也导致了产能过剩、资源浪费、环境破坏等突出问题。在统筹城乡发展的新阶段，社会需求、资源要素与环境约束等条件的深刻变化，规模城镇化的代价和风险逐步增大。未来应该重点推进规模城镇化向人口城镇化的转型，以人口城镇化为主要载体，以政策和体制创新为重点，有效释放城镇化所蕴含的巨大内需潜力。尤其是在工业化的中后期，我国的城镇有其他国家难以比拟的优势。

二、中国养老基金投资基础设施的实现路径探索

（一）养老基金投资保障性住房建设

第一，住房保障和社会保障的融合。对中国这样的“地产经济体”而言，房地产业一直被看作是增加就业机会、推动经济增长和提高社会福利的主要动力。政府极为重视维持地产市场的稳定运行和保障每个公民的住房权利，倾向于采取强制干预和市场主导消费相结合的住房政策模式。普通家庭则把购置住房作为积累财富的主要渠道、抵御风险的最佳保障和获得资本增值的重要来源，

增强了其“居者有其屋”的愿望和购房置业的信心。养老基金投资保障性住房将有助于实现住房保障体系和社会保障体系的有机融合，将个人和家庭的状况与经济发展联系起来，让他们成为国民经济的利益相关者而分享经济发展成果。

第二，我国养老基金投资保障房的选择。在“十二五”期间，我国计划新建 3600 万套保障房，需要投入资金超过 5 万亿元，保障性安居工程的推进将为养老基金提供潜在的投资机会。如果养老基金决定投资保障房，它必须做出三个选择。一是选择投资的子类别。我国目前已形成了由廉租房、经济适用房、限价房、公共租赁房、棚户区改造等构成的保障性住房项目体系，它们各自的政策支持力度和资金回收方式存在较大差异，养老基金必须通过详细的成本收益核算和投资风险评估确定投资项目。二是选择执行投资的方法。目前主要有内部投资管理、外部投资管理和投资基金中的基金几种方法。从内部管理转为完全的外部管理或基金中的基金将使投资成本分别增加 21 个基点和 122 个基点。但内部投资管理需要建立专门的房地产投资管理团队以省去管理费和业绩报酬，成本高昂且耗时较长，适合大型养老基金。而中小型养老基金更愿意选择后两种方法，尽管存在代理冲突，但其操作简单、对管理能力要求较低。三是选择投资工具。根据资本市场的完善程度、投资产品的成熟度和养老基金规模，实现保障性住房贷款、债券、股票、房地产信托投资基金以及非上市债权投资计划和股权投资计划的有效组合。

（二）养老基金投资绿色基础设施

随着工业经济的发展、人口数量的激增、城市规模的无限扩展和生产生活方式的无节制等导致人类的生存环境严重恶化，建立低碳社会、发展循环经济、实现绿色增长已经成为一种共识。以新能源为首的绿色基础设施具有资源消耗低、潜在市场大、带动能力强、价值增值快、综合效益好的优势，其较大的融资缺口为养老基金提供了新的投资机遇。

1. 养老基金投资绿色基础设施的渠道

养老基金通过股票和债券间接投资基础设施公司、直接投资基础设施项目或通过投资基金的方式进行基础设施投资，在风险和收益上存在较大的差异。一般而言，为了追求稳定的、可预期的、低风险的投资回报，投资渠道的金融特征和市场特征都会对它们在养老基金投资组合中的适合度和投资比例产生深远影响。选择非上市基础设施投资必须考虑养老基金的资产规模、治理能力和投资方法，小型养老基金的基础设施投资决策在很大程度上依赖于金融中介机构，而大型养老基金具有较强的内部资产管理能力，拥有清晰明确的基础设施投资授权和投资基准，可以相应地配置资产。

2. 养老基金投资绿色基础设施的选择

对中国养老基金而言，以新能源为首的绿色基础设施投资具有较高的政策风险、市场风险和技术风险，属于高风险、高投入、高回报的新兴投资品种。而养老基金本身由地方统筹管理，存在投资监管严格、投资管理能力弱、空账现象严重等问题，因此其投资绿色基础设施的路径应该是“绿色债券—绿色产业基金—公私合作”。

第一，绿色债券是由政府、跨国银行或企业为发展低碳、绿色经济项目筹集资金而公开发行的固定收益证券，并由发行主体担保获得固定或可变的投资收益率。它们大多具有较高的信用等级以帮助建立早期的市场信心，可以是资产担保债券、资产抵押债券或国库券性质的普通债券。通过资产证券化的方式为绿色基础设施融资。资产证券化可以将高风险和低流动性的资产通过风险收益的分离和重组安排将其转化为具有投资价值的证券化资产，并凭借所有权确保未来的现金收入首先用于还本付息。比如新能源资产证券化的一般运作程序是由经济主管部门先将其拥有的准备证券化的新能源资产汇集成一个资产池，包括新能源勘查权、新能源开发权、新能源基础产业等项目，然后政府以每一个项目为单位改组选择项目发展商或组建新的股份有限公司。发展商再将资产卖给一个特设的信托中介机构，由其将各类资产按利率期限、风险等级进行组合并对之进行信用增级后由资信评级机构进行信用评级，最后将证券出售给养老基金等投资者而获得的发行收入经信托中介机构转让给项目发展商。

第二，绿色基础设施基金是一种通过上市或非上市的方式为绿色基础设施的发展建设筹集资产的融资机构，由专业人士组成的投资管理机构操作，分散投资于不同地域、不同部门和不同阶段的绿色基础设施项目，具有“集合投资，规范运作，专家管理，风险分散”的特点。养老基金投资绿色基础设施产业基金既可以降低投资风险和管理成本，也可以获取其长期较好的投资收益和潜在的价值增值。我国可以借鉴相关经验，通过政府的政策引导、优化项目的收益率结构、利用多种保险和担保制度促进养老基金投资这种集合信托投资模式的基础设施产业基金。比如由政府财政出面设立中央级综合性新能源产业投资基金，通过竞争机制筛选优秀的专业投资管理机构，采用标准的市场化激励与约束机制进行管理经营，并为积极引入养老基金的投资而设置收益承诺、投资担保、税收优惠等制度安排。

三、中国养老基金投资基础设施的政策建议

在养老基金直接或间接投资基础设施的过程中，主要涉及政府、养老基金、金融市场和基础设施四大板块。各板块的运作效率和互动效率都将直接影响养老基金投资基础设施的可行性和有效性，因此必须从各板块入手建立完善的制度框架和健全的监管环境，以促使中国养老基金成功实现在基础设施领域的投资。

（一）养老基金层面的政策措施

1. 推进基本养老基金的全国统筹管理和运营

由于基础设施直接投资的资金需求量大，小规模的养老基金投资该领域可能不仅导致风险过度集中，而且不利于降低总成本。针对目前我国城镇职工基本养老保险基金“碎片化”的属地管理状态，社会保险基金财政专户只允许购买银行存款和国债、委托全国社会保障基金理事会进行投资，但未来推进全国统筹和集中投资管理才是实现社会公平和养老基金保值增值的必要前提。更重要的是，养老基金的资产规模越大，越有足够的资源吸引优秀的人才，越容易实现投资组合的多样化，增强养老基金在投资过程中的谈判能力。因此，为了形成养老基金资产池、发挥集中投资的合力，在短期内建议政府专门针对各地散落的巨额养老基金设置专项基础设施担保债券或抵押债券，而在长期内可成立相对独立的养老基金投资管理机构，负责其市场化的投资运作。

2. 放宽养老基金的投资限制并实施审慎人监管模式

一般而言，养老基金直接投资和投资基础设施基金所需金额较大，目前的主要障碍在于投资工具和比例的限制，比如限制其进行海外投资、私募股权投资、房地产投资或其他资产的投资，并在上市公司股票和债券方面存在控股权、单一对象投资比例和信用等级的限制等。针对我国只有全国社保基金和企业年金基金能投资于基础设施项目，基本养老保险基金仅投资银行存款和国债的现状，应加紧建立和完善养老基金投资管理办法，开拓其在基础设施、绿色环保和低碳技术等新兴领域的投资渠道，尤其是增加基础设施结构化产品和私募股权投资基金，同时取消不必要或过度的投资限制。

（二）基础设施层面的政策措施

1. 制定基础设施长期发展战略

政府作为基础设施建设的投资主体和监管主体，不仅需要积极营造良好的

投资政策环境、推动体制机制创新、完善配套服务体系，更应从基础设施行业的长期发展战略和具体的发展规划上降低投资的不确定性。比如政府通过发布《基础设施建设和投资多年期计划》，显示政府在未来30～50年的时间跨度内基础设施需求方面的庄严承诺，对社会资本进入城镇基础设施投资领域提供明确的产业政策导向。同时，清晰的长期规划目标和可靠的制度框架，将有利于私人部门预测基础设施行业的发展远景，最大程度减少因基础设施政策变动而带来的潜在损失，提高投资过程的透明度和投资收益的可预测性，为基础设施投资和建设营造和谐稳定的政治环境、公平竞争的市场环境、严格透明的监管环境，从而增强养老基金进行长期基础设施投资的信心。

2. 建立基础设施投资评估基准

对养老基金而言，基础设施投资的国家风险、低碳政策风险、货币风险难以评估和对冲，政府有义务直接或间接地实现风险防范措施与投融资工具的有效结合，对基础设施项目的投资操作和风险评估建立国际性指导方针，并支持基础设施项目评级机构和标准的建立。对经济合作与发展组织成员国来说，一个简单的方法就是积极参与气候债券标准计划，政府也使用该计划中的合格标准作为固定收益投资的参考基准，确保国际债务发行的一致性。中国政府也应努力探索基础设施投资的标准风险评估体系和项目财务可持续评估体系，创新基础设施项目风险和收益的动态评估方法，建立权威的基础设施投资指数，并颁布基础设施债权投资计划和股权投资计划的管理指引，以规范投资计划产品设立业务、明确操作流程、维护资产安全。

（三）金融市场层面的政策措施

1. 推进基础设施投资工具创新

目前，长期资本投资基础设施除购买有关基础设施的上市股票和债券外，企业年金和保险资金探索了基础设施债权投资计划，全国社会保障基金探索了有限合伙私募股权基金，但仍存在投资创新的空间。首先，债务投资创新。我国银行长期以来在基础设施和民生领域积累了丰富的投资管理经验，短期内可以考虑加强养老基金与银行间的合作，通过委托贷款或信托贷款的方式投资基础设施，将大部分的投资风险转移给银行。长期内可进入融资平台所用的债券市场创新品种，包括定向债务融资工具、资产支持票据、基础设施债权投资计划、银行资管计划债权直接融资工具等。其次，基础设施投资计划创新。具体包括基础设施股权和债权投资计划、项目资产支持计划、单一和集合信托计划、优先股投资计划、再融资计划等。可以逐步放宽对于参与主体资质和信用增级措施的限制，引入第三方机构如投资集团或保险公司作为识别和承担项目风险的主体。最后，资产管理产品的创新。围绕城镇化战略拓宽基础设施投资计划的范围，将清洁能源、养老服务、保障房建设、现代农业等优质项目纳入其投资组合，通过上市的结构化产品或私募股权基金的形式增加养老基金的投资选择。

2. 加强金融监管

养老基金投资基础设施是否成功取决于养老基金投资管理机构、基础设施项目和金融市场的有效性。各方参与主体由于潜在的利益冲突而使得金融风险无处不在。因此，一方面，政府必须加快建立和完善相应的法律法规，形成具有可预见性、前瞻性、透明性的合理法律框架，对各种投资工具的发行主体、治理结构、运作流程及收益分配出台明确的操作指引。同时促进上级主管部门与养老基金、基础设施等行业协会的合作监管，强化信息披露制度以维持市场公开、公平和透明。只有加强金融业体系机制建设和金融监管才能确保金融市场的良好运转，从而提供适当的金融产品鼓励长期投资者参与投资基础设施建设。另一方面，可以借鉴美国、加拿大和欧盟金融监管体系的经验，结合未来中国大部门体制改革和金融业综合经营、综合监管的思路，将养老金融的监管从现在的财政部、人力资源和社会保障部、银保监会、证监会等各分散部门集中到由国家层面的独立监管机构进行监管。

参考文献

[1] 宋璐，李树茁 . 当代农村家庭养老性别分工 [M]. 北京：社会科学文献出版社，2011.

[2] 朱青 . 中国社会保障制度完善与财政支出结构优化研究 [M]. 北京：中国人民大学出版社，2010.

[3] 穆怀中 . 养老金调整指数研究 [M]. 北京：中国劳动社会保障出版社，2008.

[4] 陈奕竹 . 浅谈中国养老金制度 [J]. 中国集体经济，2017（16）：48-49.

[5] 郝君富，李心愉 . 基于性别公平视角的养老金制度设计改革 [J]. 中国人民大学学报，2017（03）：118-127.

[6] 温焜 . 老龄化社会应对养老金缺口的政策实证研究 [J]. 岭南学刊，2017（04）：95-102.

[7] 敖文雅 . 探究如何做好养老金入市风险防范 [J]. 时代金融，2017（23）：10-11.

[8] 岳磊，曾海军 . 养老金管理公司的机遇、困境与出路 [J]. 清华金融评论，2017（07）：94-96.

[9] 文嘉怡 . 浅谈中国养老金制度的完善 [J]. 中国国际财经（中英文），2016（17）：45-46.

[10] 周晓娟 . 我国企业养老金的会计问题研究 [J]. 中国乡镇企业会计，2016（06）：12-13.

[11] 王立剑，叶小刚 . 需求导向下城乡居民基础养老金调整方案研究 [J]. 西安交通大学学报（社会科学版），2015（05）：86-92.

[12] 李红岚，郭婕，赵巍巍 . 建立城乡居民养老金调整机制的构想 [J]. 中国社会保障，2014（12）：32-34.